紹興大典

史部

光緒餘姚縣志

4

中華書局

餘姚縣志卷十九

選舉表

漢	徵聘
	嚴　光有傳
吳	徵聘乾隆志題徵辟
	虞　翻有傳
晉	徵聘
	虞　喜有傳
	虞　潭有傳
	虞　預有傳
陳	徵聘

虞寄有傳康熙志寄作奇

唐

元和

進士

虞九皐有傳

以上嘉靖志未著錄本康熙志並補漢徵聘嚴光一人

宋

制科康熙志題徵聘乾隆志題徵辟

進士

鄉貢康熙志題鄉舉乾隆志題舉人

皇祐元年己丑

胡穆馮京榜屯田司員外郎

五年癸巳

顧臨有傳

熙寧九年丙辰		虞昆 徐鐸榜	
元豐八年乙丑		虞賓 焦蹈榜有傳	
元祐三年戊辰		陳穀 李常寧榜 縉雲令	李尚 年佚有傳
紹聖四年丁丑		虞大猷 何昌言榜 虞寅 賓弟	
元符三年庚辰		錢克忠 李釜榜	胡宗伋 年佚有傳
政和五年乙未		葉汝平 何㮚榜通判	
重和元年戊戌		陳槖 王昂榜穀	

宣和五年癸卯

子有傳

葉汝士

杜師皋

李唐卿

張孝友

高選

茅寍　案是時越州解額十二名姚居半焉

六年甲辰

胡尚智沈晦榜穆從子會稽籍

朱伯臨乾隆通志

年	科第	備註
紹興五年乙卯	胡沂 汪應辰榜 有傳	池州通判
	虞仲琳 附賓傳	
	虞仲瑤 附賓傳	
	茅窋 松陽令	
十二年壬戌	傅世修 陳誠之榜	
	錢移哲	
十八年戊辰	高選 王佐榜武	
	當軍節推	
二十一年辛未	黃巨澄 趙逵榜乾	

二十四年甲戌		隆通志吏部侍郎 孫大中 茅寵張孝祥榜 宗弟 虞時中仲鎜子	
三十二年壬午			胡拱有傳
隆興元年癸未	高翥累徵不起有傳	王逨木待問榜有傳 李唐卿附必達傳 莫叔光	李師尹年佚附必達傳 莫叔廣年佚附及傳
二年丙申	趙師龍丙科有傳		

乾道二年丙戌		虞汝翊蕭國梁榜時中子康熙乾隆兩志翊作翼 趙善譽有傳		
五年己丑				
淳熙二年乙未		孫應時詹騤榜有傳 李過庭乾隆通志 李友直有傳 厲居正姚穎榜黃州教授 朱元之有傳	孫椿年年佚有傳 孫應求年佚附介傳	
五年戊戌				

八年辛丑	莫叔光有傳	趙廷昂黃由榜，廷袞兄 朱元龜元之弟 葉恢汝士子。乾隆志：汝平子 虞時忱衢涇榜，時中弟 虞時憲
十一年甲辰		陳用之余復榜，附囊傳 莫子偉附叔光傳
紹熙元年庚戌		

年			
四年癸丑		陳用之 陳亮榜再登科	
慶元二年丙辰　五年己未		莫子純 周虎榜叔光姪有傳 胡衛 曾從龍榜附撙傳	
開禧元年乙丑			趙彥慽
嘉定元年戊辰　四年辛未		余一夔 鄭自誠榜安福丞乾隆府志余作金 虞埴 趙建夫榜時中孫	

七年甲戌		趙彥㦤袁甫榜，有傳 孫之宏附椿年傳
十年丁丑		葉明道吳潛榜，汝士孫
十三年庚辰		孫祖祐劉渭榜，附介傳
十六年癸未		茅彙征 聞人知名蔣重珍榜，淮西總幹 毛遇順有傳

寶慶二年丙戌	紹定五年壬辰
楊瑾 王會龍榜 有傳	孫子秀 徐元杰榜 有傳 孫自中 通判 王世威 遠從孫 楊炎 乾隆通志 炎作淼 戴鐸 陳煥 知邵武軍 楊釋同 乾隆通志

端平

作會稽人

岑全 年佚

方季仁 年佚

吳自然 年佚 有傳

嘉熙二年戊戌

岑全 有傳

戴得一 周坦榜鐸兄

錢紳 移哲曾孫慶元府通判乾隆通志作

錢饒

戴浩 得一子

楊瑤 附兄瑾傳

	淳祐元年辛丑
孫嘉有傳 袁灝 趙嗣賢	陳膺祖徐儼夫榜橐元孫 羅信夫 鄭熙戴 馮平國 趙與棨 趙希年以上四人本乾隆通志
	孫子瑾年佚 孫凝年佚 羅信夫年佚乾隆府志

四年甲辰

張亘孫 留夢炎榜

鄞縣令

任西之

趙若淮

葉秀發 張淵微榜

王公大

七年丁未

馮濟國

孫嶸叟

趙若秀

趙時齡 揚州通判

朱元光

十年庚戌	孫嶸叟有傳	胡夢麟方逢辰榜知壽昌軍 孫林附椿年傳 方季仁
寶祐元年癸丑		趙與緡姚勉榜 孫象先附椿年傳 陳夢卓膺祖從子黃巖尉 孫炳炎有傳 李碩白州教授 錢恢紳從兄

四年丙辰

唐　震有傳

姚會之文天祥榜

崇仁縣令

何　林有傳

莫子材子純弟

張頤孫良孫弟乾

隆通志作熙孫

趙時泰彥憪從孫

鄞縣令

開慶元年己未

孟　醅周震炎榜

教授

	景定三年壬戌
朱國英元之孫鄞縣令 趙時塈附彥械傳 趙若鐩 晏垚殊六世孫隆興府司法	方山京狀元有傳 黃焱太常博士乾隆志焱作炎 黃遇龍江浙提刑幹辦公事
	葉仲凱 吳應酉 李午發 方旅 方凝

華景山臨川簿
陳開先有傳
方仲達以上年俱佚

咸淳元年乙丑
岑賢孫舉博學宏詞科乾隆通志元至大戊申再舉
王峻阮登炳榜
世威從子
朱沐
茹瑗年佚有傳

四年戊辰
余廷簡陳文龍榜
有傳

七年辛未
厲元吉張鎮孫榜
有傳
楊潭

十年甲戌
陳應庚王龍澤榜

有傳

周汝豐 漂水尉

宋鑒孫 承節郎

葉仲凱 有傳

葉汝士 汝平弟

杜邦彥

陸宕

顧大治

呂克勤

張彥衡

宋國輔

杜紋

孫彬嘉靖志紹興三年餘姚刻資治通鑑有校勘進士葉汝士等十人皆姚人而郡學題名止列錢移哲又在紹興十二年其餘九人皆不著今亦莫考其歲月姑附記焉

嘉靖志曰餘姚代稱多才遭際選舉者衆矣宋以前名字多漏失其有仕宦至大官者又不詳其出身與宋之鄉貢皆無可攷莫能檢志之僅自皇祐己丑始訖咸淳甲戌得進士百有八人制科四人及元之薦辟鄉舉進士五十有五人爲宋元選舉譜

又曰宋鄉舉在元祐間有李尙胡宗伋宣和癸卯有葉汝士杜師臯李唐卿張孝友高選茅寗是時越州有解額十二名姚居半焉淳熙間有孫椿年端平間有岑全方季仁吳自然淳祐間有孫于璉孫凝景定間有葉仲凱吳應酉李午發方旋方凝方仲達其軼者至多存者固莫次其歲年又按王佖記姚之嘉熙戊戌進士宗姓庶姓凡十八人而會稽續志止存其七雖在進士且無所準明況鄉舉釋褐特奏諸科歟今略舉之使好事者足覽焉

元	徵辟
大德元年丁酉	徐仲達 學士院僉書侍郎 燕宗允 宋戶部侍郎世良子沿海制置使幹辦公事

黃義貞 有傳

羅大臨 乾隆志長
史

二年戊戌

王文衡

魏貴龍 翰林待詔

四年庚子

李世昌 有傳

楊國賢 市舶提舉

七年癸卯

王希賢 國子助教

高榮龍 紹興路教
授

十年丙午

孫原彝 山陰教諭

康熙志能繼燭湖之學

至大元年戊申

吴復卿 溫州路判官

唐與賢 浙江提舉司都事

岑賢孫 國子監學錄再舉

四年辛亥

史其希 昌國教諭 乾隆志希作昌

魏愷 諸路金玉人匠總管同知

		延祐元年甲寅		二年乙卯			四年丁巳			
徐彥威 崇文監典	簿	楊國用 嵊縣教諭	李昊 慈谿教諭	李自強 蕭山教諭	魏政 建寧路學	正	岑伯玉 會稽訓導	張溥 嘉興路總	管太	守
				黃溍 張起巖榜	有傳					
		黃溍 康熙志	沈捷 乾隆志 通志	兵部郎中			孫士龍 宋常州守	嘉子		岑良卿 全孫

五年戊午

七年庚申

至治二年壬戌

岑可久 河南宣撫使

吳守中 乾隆志復卿子本州學正

史溥 河弟太平路知府

岑良卿 霍希賢榜 有傳

虞泰 廣西肅政廉訪使

岑士貴 全孫

	三年癸亥	泰定元年甲子	至順元年庚子	元統二年甲戌
				汪斌 鄞縣教諭 吳鏞 象山教諭 王嘉閭 有傳 魏銘 建昌路學正
	岑士貴 有傳	黃茂 張益榜有傳	黃彰 王文燿榜 康熙志浙江宣使	
楊彝 有傳				

至正五年乙酉	至元三年丁丑	
胡秉常台州路學錄 史銳滃州山長字叔穎舊志並題字據史譜正 聞人煥有傳	史河乾隆志應炎子教諭 方柏夔州路經歷	汪性本學訓導

十年庚寅
史應炎 市舶使

十八年戊戌
史鏞 乾隆志，山陰教諭

二十一年辛丑
史世忠 乾隆志，溥子，定海主簿
史鎬 與兄鋭同舉，瀚州山長，以下年佚
胡連 慈谿訓導
鄒處恭 台州路判官

楊璲 有傳。乾隆通志璲作燧，年佚

宋僖 繁昌教諭

楊瑀　縉雲教諭
岑華卿　松陽教諭
胡廷獻　象山教諭
楊仕恭　鈞臺山長
乾隆志
仕作士
李文龍　常山教諭
岑俊卿　道一山長
劉文彬　丹陽山長
趙惟翰　永嘉教諭
楊瑛　慶元路學正

徐貢玘 西安尹有傳

胡建中

岑文仲

楊得榮 嶺南道刑獄提舉

張介祉 有傳

明

制科 康熙志題徵聘 乾隆志題徵辟

進士

鄉貢 康熙志題鄉舉 乾隆志題舉人

歲貢 康熙志題貢士 乾隆志題貢生 宋嘉靖以前貢無恩拔副優各途故題此

洪武元年戊申

詔禮部行所屬選求經明行修賢良方正材識兼茂及童子之類

車誠 有傳

二年己酉

胡惟彥 有傳

錢茂彰 陝西按察副使

三年庚戌

岑宗鶚 翰林院典籍

趙宜生 有傳

岑文璧 乾隆府志

詔鄉貢開科以今年八月爲始

岑鵬 士貴從子 貫明州慈谿

四年辛亥	本縣教諭 王至 有傳 許泰 有傳 王綱 有傳	詔鄉試中式舉人行省咨送中書省判送禮部會試 岑鵬 吴伯宗榜 徐溝縣尹
五年壬子	宋僖 有傳 岑襲祖 邵陽知縣 奉詔采詩	

翁希頤 有傳 初詔以科目取士三年大比慮有遺才復命比歲一貢自洪武五年始浙省歲貢四十人希頤郎是年所貢士 案希頤康熙乾隆兩志

六年癸丑	詔罷科舉令察舉賢才
	朱至善 福州知府
	華彥高 本學訓導 學職賜冠帶自彥高始
七年甲寅	胡文煥 上虞知縣

並作五年舉人六年進士題名碑記四年進士亙異據嘉靖志六年無進士科若四年已登進士又不容五年再充歲貢今著此刪彼附注俟攷

八年乙卯
陳伯瑀
于子安 臨潁主簿
十年丁巳
徐伯庸 定縣知縣
十一年戊午
王在 會稽訓導
吳延齡 清澗教諭
岑文皞
陳弘道 北平按察僉事
十二年己未
宋棠 有傳
王敬常 兵部郎中
華彥良 本學訓導

趙謙 有傳

岑道安 康熙志宿松知縣乾隆志作安道

十三年庚申

陸雍言

陳順詵 南海主簿

徐士涓 有傳

十四年辛酉

徐得名 盧州知府

華孟勤 應城知府 康熙志作知縣

趙志廣 吏部郎中 福建參政

十五年壬戌
十六年癸亥
十七年甲子

周兼善 崇仁知縣
李方 江都縣丞
周綱 乾隆府志
李純卿 見子貴昌傳
王旭 有傳
莫如琛 將仕郎丞
樂丁亥再召
趙鳴謙 河南道御史
華宗善 長洲教諭

詔頒科舉程式三年一舉
沈志遠
葉原善 刑科給事中
潘存性
魏思敬

詔府州縣學歲貢生員各一人自明年始
趙學曾 案考古遺集是年歲貢有趙學簡是否一人俟攷

十八年乙丑

楊子秀麻城知縣
陳公著
岑蘅鎣府紀善
翁善徽翁譜希頤從弟以賢才應詔授南昌府經歷

詔鄉試舉人出給公據赴禮部會試
沈志遠丁顯榜江西道御史
潘存性兵科給事中
項復承敕郎

翁德賢舊志並作德廷據題名碑正
項復
聞人愘

聞人善慶

閩人恪大理寺卿
魏思敬
翁德賢行人司行人
人正康熙志列永樂己丑據題名碑正

十九年丙寅
許子中山西道御史
岑如軾鄱陽知縣
朱聯庚甄寧主簿

二十年丁卯
魏廷實刑科給事中
虞文達福建按察
朱文會常州府學教授
朱孟常有傳
舒好學刑科都給事

二十一年戊辰
二十二年己巳
二十三年庚午
二十四年辛未

副使
徐允恭康熙志鳳陽府通判
趙謙再召
徐祖厚
錢友仁勅海教諭
錢伯英有傳
史孟通原名宗周改名愼思字孟通以字行附記勳傳

朱宗顯嘉定知縣

詔縣學三年貢一人
黃均保有傳
胡季本有傳

二十五年壬申
二十六年癸酉
二十七年甲戌

高性之四川按察副使
景星有傳
宋邦哲附父信傳
沈永彩蘄州知州
張員有傳
韓自寧南安府經歷
宋邦乂附父信傳

錢古訓張信榜有傳

錢古訓
劉季篪
閩人善慶應天榜
福建副使乾隆志

詔縣學歲貢一年一人
孫德滋永康教諭
趙立輝桃源知縣
陳敏

二十八年乙亥
二十九年丙子
三十年丁丑
三十一年戊寅

岑武治德安府經歷傳
孫尚禮康熙志增城知縣
王景祥應天府推

劉季箎有傳

馮本清有傳
楊昇康熙乾隆志志錢善作姜塘籍徽州教授

吳養中
徐安善長沙通判
吳壽安武昌衛經歷
馮吉

建文元年己卯

宦

鄒濟 乾隆府志 年佚

施顯忠 涿州知州 年佚

倪懷敏 御史 終僉事

葉翚 薊州知州

陳性善 吏部郎中

劉壽懋

潘義

二年庚辰	永樂元年癸未
	詔內外諸司文職官於臣民中有沈滯下僚隱居田里者各舉所知 宋虞生 附傳倍 陳叔剛 有傳 陸守政 乾隆志戶
劉壽懋 胡廣榜宜章知縣 潘義 上杭縣丞 乾隆志作知縣	
馮吉	陸孟良 乾隆通志孟作夢 柴廣敬 原名欽 李貴昌
徐廷圭	陳用銘 辰州通判

二年甲申

三年乙酉

部郎中

方達善　康熙志石灣巡檢

周宣　有傳

宋緒　有傳

趙膺迪　附宋緒傳

陸孟艮　智榮榜附性傳

柴廣敬　有傳

馮吉　御史終遼州同知

李貴昌　有傳

徐廷圭　乾隆通志

廷作　庭

方恢

何晟

詔歲貢同洪武二十五年例

尤景隆　刑部主事

岑震之　武進縣丞

	四年丙戌	五年丁亥
	宋孟徵 朱德茂 張廷玉以上三人 董附宋緒傳 劉韶康熙志修永樂大典	莫如琛再召 虞煥康熙志宜城知縣
	徐廷圭林環榜工部侍郎康熙志作郎中 方恢御史 何晟御史	
李應吉有傳 邵式乾隆志		
	胡與賢兵部郎中	胡思齊刑部員外

六年戊子　七年己丑　八年庚寅　九年辛卯　十年壬辰

閻人晟蕭時中榜給事中康熙志列七年己丑

柴璘豐城教諭
沈彥常涿鹿教諭廣東僉事
閻人晟
邵丕陽有傳
劉辰季篪子應天榜乾隆通志庚子科經元
陳善乾隆志

顧立山西御史
方叔彝
段慶善
王壽邵武府通判
劉詹生

十一年癸巳	十二年甲午	十三年乙未	十四年丙申	十五年丁酉
		周徽 康熙志袁 州衛經歷		項端 康熙志金 壇訓導
	柴蘭 鮑立嶼 寧德知縣 華陽熙 山陽教諭			夏大友 乾隆志應天榜 乾隆通志友作有 舒本謙 乾隆志應
何驛 康熙志驛作繹	趙泰康 河南衛經歷	徐肅彰 工部主事	呂時習 知縣莒州同知	李志伊 康熙志伊作尹 臧熙

天榜
陳賓附贊傳
咸熙辰州學正
駱謙乾隆通志
甲午應
天榜
劉端書季麓子應
天榜
楊寧康熙志昇
子後家於歛
進士碑錄
錢塘
籍
楊益乾隆志

十六年戊戌

十七年己亥

十八年庚子

舒子占　康熙志

舒本謙　李騏榜　平定州知州

夏大友　御史終僉事

柴蘭　庶吉士參政

乾隆通志　錢塘籍

韓允可　乾隆志

翁諫　乾隆志

虞鎬　有傳

韓安遜　南安經歷

毛志倫　刑部郎中

邵宏譽
高文通保定教諭
孫泓
何瑄
華孟學國子監學正乾隆通志作孟孝
徐熊
李浩館陶知縣
潘瑄延長知縣
朱希亮見子縉傳
諸均輔與化教諭

十九年辛丑	二十年壬寅
夏昂康熙志北通州知州乾隆府志昂作昪	魏廷柏康熙志合肥知縣乾隆府志柏作
駱謙曾鶴齡榜清江知縣　沈圭康熙志	

乾隆府志應天榜

李貫章

沈圭康熙志乾隆志歸安籍進士碑錄烏程籍

詔歲貢用洪武二十一年例

任茂卿通判康熙志任作岑

	二十一年癸卯	二十二年甲辰
相		
		邵宏譽 邢寬榜有傳 李貫章 南京刑部員外乾隆志貫作貫
	宋驥 平陽府教授乾隆通志驥作騏 許南傑 邵懷義 瀋府長史 孫柱 樟州府通判乾隆通志柱作桂	
		汪悠久 萬載知縣康熙志 黃廷槐 乾隆志案一姓作葉延平照磨年甲佚

	宣德元年丙午	二年丁未	四年己酉	五年庚戌	
	陳贇有傳				
孫泓附燧傳注				許南傑林震榜有傳	楊寧康熙志初刑部主事參麓州戎務歷
	毛信興化府教授		楊文珪通判		
黃秉倫康熙志乾隆志龍南縣知縣年甲佚		宋璘建寧推官		翁順安翁譜作正統四年貢齊東教諭	

七年
壬子

郎中再佐王司馬驤討平之敘功超陞本部侍郎歷禮部尚書以足疾出為南京刑部尚書致仕

夏廷器 有傳
舒瞳
夏靖 蜀府長史
應天榜 乾隆志
徐律 欽賜舉人
建陽教諭 乾隆志應天榜

詔歲貢周洪武二十五年例
許南木 含山訓導

八年癸丑
九年甲寅
十年乙卯

舒曈 曹鼐榜兵科給事使占城後以按察司知泉州正統朝河南開封知府
何瑄 翰林檢討四川布政

楊宜 康熙志昇次子乾隆通志應天榜杭州籍進士碑錄欽縣籍
茅秉 潮州府教

蔣文昂 訓導
宋淏 桂陽知州
施敏希 施譜南安

	正統元年丙辰	二年丁巳	三年戊午	四年己未	五年庚申	六年辛酉
		潘楷有傳	宋楷康熙志南昌府教授		胡淵康熙志雲南左布政司	魏璐康熙志濬縣縣丞
授乾隆志作湖州 余亨永春教諭			葉蕃輩子昌邑知縣			朱湝希亮子 吳節
教授崇祀鄉賢各舊志並作希常訓導	嚴迪有傳	張慶廣信通判	胡孟珪順義訓導	谷寧		詔縣學二年貢一人 徐政蓬州知州

七年壬戌

潘英劉儼榜附兄楷傳

吳節刑部主事乾隆志作郎中

聞人謨有傳

潘英

聞人謨

戚瀾熙子順天榜經魁

韓佶康熙志應天榜知縣

八年癸亥
九年
甲子

王深 康熙志 龍溪教諭

馬庸 都昌教諭
陳雲鵬
胡徵 福寧州學
正
毛吉
潘叔庸 陝州訓導
志
乾隆府志 庸作榮
陳詠 順天經 魁
虞潤 鎬子順天

李文昭 江陰教諭

十年乙丑　　十二年丁卯

陳蘭康熙志教諭　　方端康熙志莆田訓導

陳詠商輅榜有傳　　陳雲鵬廣西布政司　　朱縉有傳

榜鎮遠知縣　　鄭文延津訓導乾隆志作知縣　　張才見子琳傳本姓史　　王佐開封訓導

潘轅　　詔天下貢楷書生員　　錢本餘　　陳璨浦江教諭　　陳謨

十三年戊辰

十四年己巳

景泰元年庚午

邵昕 有傳

楊文琳 彭時榜 御史終布政

楊宜 康熙志 御史終廣東副使

楊文琳 文珪弟 應天

胡寬 應天榜 經魁

李瓊 應天榜

俞浩 寧德教諭

姜鍾 福州訓導 乾隆志 姜作善

陳紀 光澤知縣
陳潮
魏瀚 瑤子
毛傑
周鼎 徽府長史
徐海
汪勉 知縣
陳嘉猷 贄子
毛裕 順天榜
毛祚 順天榜建甯通判

二年辛未

三年壬申

詔文學才行之士隱於民間者並聽薦舉

楊文奎 康熙志

華采 康熙志

乾隆府志華作葉

岑琬 岑譜天順

丁丑再召康熙志作岑九畹乾隆府志岑作葉

戚瀾 柯潛榜有傳

陳嘉猷 有傳

虞憲 松谿縣丞

四年癸酉

鄭節

孫輝

陳雲鶚　雲鵬弟

陳雲

莫愚　同知仁府

孫讚　檢討

韓恭

夏時

孫信

孫怡　順天榜靈璧訓導　乾隆志作應天

黄繹　一作㬇傑　乾隆府志繹作驛

五年甲戌

周思齊 康熙志崇安知縣

孫輝 孫賢榜成都府知

陳雲鶚 袁州知府

陳雲 吏部文選司郎中

徐海 廣東按察

榜

華誠 應天榜兗州府同知

朱毅 應天榜御史終山西僉事

六年乙亥　七年　丙子

邵貢衛經歷

曦康熙志虎

副使　胡寬御史

毛傑

魏瀚有傳

毛吉有傳

夏時庶吉士終

廣東僉事

李居義經魁附貫

昌傳

孫珩國子博學

錢英訓導

	天順元年丁丑
	趙顒康熙志乾隆志顒作顒 岑琬再召
	孫信黎淳榜吏部主事 陳渤福建左布政 韓恭高州知府康熙志作知州
楊芸乾隆志案舊通志山陰籍 孫蘭興化府同知 姜英	
	潘勛

三年己卯

聞人景輝經魁

徐瓚

諸正

華㮣孟學子吉府審理

陳清

柴璇宣城教諭乾隆志璇作旋

黃韶

胡恭

舒春順天榜

邵懷端附公陽傳

四年庚辰
五年辛巳
六年壬午

諸　正王一夔榜
廣東僉事
徐　瓚汀州知府
聞人景輝禮部員外

翁　遂
黃佰川有傳
楊　棨
錢　珍
吳　智

汪叔昂知縣
詔廩增生員四十五歲以上者俱貢
程　傑訓導
于慶義
孫　彬教諭

翁信 順天榜 乾隆志作景泰四年癸酉

殷軺 教諭
邵珉 南靖教諭 康熙志作訓導
許冕 程鄉知縣 乾隆府志作教諭
沈文彬 教諭
王傑 綱孫贈禮部侍郎
岑和 河南推官
楊文瑢 崇仁訓導 乾隆志順天籍

七年癸未

八年甲申

胡恭　彭教榜有傳

翁遂　陝西按察副使

翁信　廣東參政

華冕　樂平訓導

吳鵬　縣丞

周玉衡　訓導

方肅　典史

莊肅　沙河知縣乾隆志肅作蕭

錢清　順昌縣丞

成化元年乙酉	二年丙戌
	陳清 羅倫榜 會魁刑部員外
石塘 經魁 金石 王濟 邵武知縣 諸觀 許謹 中牟知縣 邵有良 張琳 才子 潘義 乾隆通志作錢塘籍	
王鎬 武昌訓導 乾隆府志作宏治年貢 鄒勉 孝豐籍 弋陽教諭 康熙志勉作冕	

四年戊子

張琳 本姓史後復姓有傳

邵有艮 有傳

諸觀 有傳

錢珍 刑部主事

陸淵

馮蘭

王舟

陳雲鳳

諸讓

鄒儒

陳渭

五年己丑

馮蘭榜張有昇

翁迪

華福

陳倫乾隆志倫作儒

邵駐附宏譽傳

胡贊順天榜

滑浩順天榜

陳謨叔剛孫應天榜

黃謙應天榜

傳

舒春刑部郎中

鄒儒見子軒傳

胡贇建昌知府

贊康熙志作瓚

姜英廣東參政

陳雲鳳江都知縣

王舟工部員外

任荊州志歷蕪湖推使荊關抽分

黃詔有傳

六年
庚寅
七年
辛卯

黃珣
解元
南寧同知
盧滋
深州知州
吳一誠
驥子
歙縣
宋昉
教諭
金鉉
曲阜教諭
張森
嘉猷子順
陳洵
天榜康熙
志錢塘籍
順天
孫衍
榜有

華山
祁陽訓導

八年壬辰

九年癸巳

魏溥 康熙志雲南籍訓導

陳策 康熙志蕪湖縣丞蕪湖志建言遷魯港驛及河口司巡檢署

陸淵 吳寬榜有傳

楊榮 有傳

陳洵 知府

陳謨 附叔剛傳

黃謙 南京刑部主事

吳智 工部郎中

傳

黃肅 應天榜

吳泓 宿遷訓導

魏濙 潯州經歷

十年甲午

謝遷解元
毛憲傑子
聞人珇謨子
韓明
邵禮含山知縣
諸諫光山教諭
徐諫
郝瓛同知臨山衛人
楊憲武岡知州康熙志作同知

邵驥沙縣訓導

十一年乙未

謝遷 狀元有傳

諸讓 江西參議 康熙志作陝西 諸譜仕山東布政左參政 祀名宦

韓明 附應龍傳

吳裕 順天榜

黃琪 順天榜

陳渭 順天榜 夔州同知

張玉 廣西榜 開封推官 康熙志作同知

十一年丙申

十二年丁酉

滑浩有傳

石塘豐城知縣

孫昇解元上海康熙教諭昇作昇志

范璋

岑恆四會知縣

胡傑信陽學正

吳敘

張時澤

李時新

錢稷泗水訓導

十四年戊戌

毛科曾彥榜附父吉傳

李時新工部主事荊州志荊關抽分

黃肅有傳

聞人珇有傳

毛科吉子應天榜

陳筐應天榜見從子煥傳

徐詔順寧衞經歷

十六年庚子

王華經魁

柴和饒州訓導

十七年辛丑

王華　狀元　有傳

蔡鍊　欽弟

王恩

魏澄　潞州學正

傅錦　瑛子乾隆府志作瑛弟

嚴謹　蒲圻教諭

俞鐔　教諭按各舊志鐔作潭據題名碑正

高遷　乾隆府志遷作選

黃珣 榜眼有傳

翁迪 貴州參議 康熙志作參政

陳倫 工部員外 蕪湖志蕪湖推使

毛憲 湖廣副使

徐諫 有傳

吳裕 御史

孫衍 有傳

黃琪 河東鹽運使 辰州志辰州知府

十八年壬寅
十九年癸卯

蔡欽 鍊兄 朱榮 績溪訓導 經魁
陳雍
傅瑛 錦父 深澤
教諭許濬 附父 南傑
傅
王乾 仁和籍
汪鉉
華連
胡洪
邵賁

二十年甲辰

傅錦 李旻榜刑部員外郎乾隆府志作

邵蕃

周仲昕 鹽山教諭

王楷 臨清州學正

胡日章 應天榜樂安教諭

潘絡 應天榜

翁永年 乾隆志 乾隆府志順天榜

胡鑑 武寧訓導

二十二
丙午

中
陳雍　有傳
吳敘　肇慶知府
邵蕃　有傳
華福　會魁　湖廣參議
潘絡　刑部主事

翁健之　經魁　迪寸
徐儀　池州訓導
毛實　經魁
諸譓　南昌知縣
姜元澤　教諭　年甲
乾佚
隆通志作
諸暨人

二十三年丁未

蔡欽費宏榜鹽運使漢陽知府志漢陽

楊簡芸子
徐守誠
張明遠同知
汪澤
楊譽昌化
葉訓博野訓導
鄒泰
宋冕乾隆通志
宋作宗

宏治二年己酉

毛實 有傳

汪鋐 江西道御

史

翁健之 貴州布政

王恩 有傳

華連 附鄒軒傳

張時澤 潮州知府

黃瓛 經魁

錢鈍 廣州教授

邵坤

舒聰 建州知州

陳建 建寧同知

三年庚戌

莊鐸 康熙志曲周縣丞乾隆府志鐸作懌

楊滾 康熙志松滋縣丞

汪澤 錢福榜有傳

范璋 吉安同知

邵贇 有傳

蔡鍊 四川按察

康熙志作連州

金淮

汪集 南安通判

陸相 瓛子

鄒軒 儒子

馮清 順天榜

陸恆 有傳

鄒江 康熙志訓導

五年壬子

副使

孫燧 經魁

韓廉 經魁

姜榮

魏朝端 恩恩同知

乾隆府志端作瑞

吳天祐

諸文實 清流知縣

楊忭 長洲教諭 本姓史歷任長洲霍邱龍溪教諭

孫士元

陸　唐

聞人才

朱　耀　乾隆通志

宋朱作

王守仁　華子

楊　祐　本姓史附

徐珊　傳注

方　璽　順天榜經魁

諸　忠　順天榜經魁上辛知縣

六年癸丑

陸相沙知府

徐守誠有傳

馮清有傳

高遷知邵武縣

康熙府志

作知府松溪

吳天祐知縣

乾隆通志

祐作佑乾隆志作

裕

楊州知州

梁廣西榜劍

七年甲寅

八年

乙卯

楊簡 柳州知府

孫燧 有傳

黄堂 伯川子

康熙志山東榜

沈應經

李時暢 順慶通判

乾隆府志作蕭山人

倪宗正

杜欽 西華知縣

黄鑾 開州學正

陳範 新塗訓導

九年丙辰

鄒軒 朱希周榜

會魁有傳

胡洪 工科給事中

邵坤 新塗知縣

康熙志作新金 乾隆志

徐彬 宜都知縣

楊天茂

夏釜 見子湄傳

胡諒 山西榜 安宿教諭

奉準是年起至十三年止縣學每歲貢一人

十年丁巳

作新
淦
黃瓛御史山西
僉事
楊譽御史江西
僉事乾隆
志作廣西本
姓史廣西
按察使
鄒泰順天
通判
韓廉有
傳

陳詮訓導
康熙志詮作銓
安慶志亦作銓
任太湖小池驛丞

十二年戊午

胡鐸解元
孫清順天榜解元進士碑錄武清籍
陸棟淵子經魁
徐雲鳳見子徐珊傳注
夏鐵靈川知縣各舊志鐵並作璣據題名碑正
黃嘉愛九霄子
謝迪遷弟

華琪康熙志琪作騏
胡玫是年貢琪琪死貢玫
翁穆遂子玫死貢穆成都通判
鄒世隆孝豐籍永安訓導

十二年己未					
王守仁 倫文敘榜	會魁有傳	陸棟 河間知府	牧相 有傳	謝迪 有傳	
鄒選	汪惇	史鸞 琳子	牧相	嚴敬 應天榜	張桓 順天榜

十三年庚申		王乾 華容知縣		徐鳳 訓導康熙志作教諭
十四年辛酉			謝丕 遷子順天 解元 黃嘉會 韶子有傳 諸鼎 廣州推官 諸絢 諫子 陳敘 龍陽知縣 胡軒 胡東皋	吳潤 雲南騰越籍內江教諭 錢綵 康熙志訓導昌化籍年甲佚

陳言直倫子

張譽州學正

周旋虞城知縣乾隆通志作餘杭人

徐天澤順天榜

駱用卿陝西榜

嚴時泰湖廣榜

汪克章山東榜

陳璣山東榜臨清官籍

李時讓乾隆通志

十五年壬戌

孫清 康海榜榜眼山西參議康熙志燧諸子有詩名逆瑾忌之去官再起歷學臬終少參

徐天澤 有傳

胡軒 兩淮運使

沈應經 南京禮部主事

宋冕 有傳

姜榮 有傳

陝西榜經魁

十七年甲子

陳璣 太僕寺丞

黃堂 會試中式康熙志會魁未殿試卒乾隆通志列十八年乙丑

沈德章 經魁

顧蘭 有傳

陸選

張瑨

汪和

陳言正 倫子武昌

十八年乙丑

謝丕顧鼎臣榜
會魁探花有傳
倪宗正有傳

通判
陳克宅
徐文元
夏濬時子
陳守卿
俞良貴廣信通判
李蘭乾隆志
周瀾乾隆志

諸謐

胡東皋有傳
諸絅芒部軍民府通判湖廣布政右參政祀名宦
胡鐸有傳
汪和河南僉事

正德二年丁卯
許龍
周禮
徐子元以上三人
附見謝遷傳

陸幹淵子經魁
于震有傳
張逢吉知縣本姓史
史立模

孫繼先
韓昱昌化籍

三年戊辰

汪克章　呂栴榜廣東僉事鍾祥縣志任安

徐愛

毛紹元　康熙志憲孫乾隆府志作憲子

孫邦彥

陳文筐　雍子

管溥　萊州通判

周坤　崇化知縣

王時泰

邵德容

五年庚午

陸州知州

徐文元

黃嘉愛 有傳

駱用卿 有傳

徐愛 有傳

孫繼先 輝子應天榜解元康熙志闈中折封主司以姚人爲逆瑾所惡謀易之外傳瑾下獄始仍其故

胡悅 經魁益陽

楊槩 康熙志楊作柴

王志 四川越巂衛籍灌陽知縣

知縣

楊霶 茂州知州

胡愷 悅弟河陰知縣康熙志作河陽

王柏 荊州通判康熙志作柏相

韓洪

郭廉 蕭縣知縣

徐全 順天榜歸化知縣

俞召 應天榜郴

六年辛未

汪惇 楊愼榜南寧同知
張瑨 刑部員外

州知州順天府志薊州
知州
胡昭 順天榜
盧元愷 河南榜魯府長史
施德禎 乾隆志
施鍪 乾隆志丹陽教諭

許岳 南極孫承州通判
鄒思承 孝豐籍寧

八年癸酉

嚴時泰有傳
施德禎有傳

陳煥經魁
施信有傳
張瀾
胡瑞
胡玠有傳
朱同芳府史長
陳輔成都同知
張心
張時啟雞澤知縣

德訓導
胡瀾
許鶚廣西籍府所吏目

九年甲戌

十一年丙子

陳克宅唐皋榜有傳

王時泰涇府長史

任吳山知縣

邵德容有傳

楊天茂楚府長史徽州志任徽州府推官

徐子貞順天榜

陳璧山東榜

張懷解元

龔輝經魁

張漢泰和教諭

朱同蓁同芳弟乾隆通志作餘杭人任鎮州知州

顧遂蘭子

毛文炳憲子漢陽志作黃陂知縣順天通志任順天通判旋陞治中

張逵璿子

聞人詮

毛復

俞瀾有傳

餘姚縣志　卷二十

十二年
丁丑

張懷　舒芬榜有傳
毛紹元　參政

徐子龍　子諫
吳迪　盧江知縣
趙塤
張嵩　福建榜
康熙志
知縣
汪克思　廣西榜
乾隆府志列
癸酉　漢陽
志孝感
知縣

十四年己卯

陳煥有傳

顧遂有傳

徐子龍南昌知縣乾隆通志龍作瀧

楊撫經魁

史鵷經魁見曾孫記勳傳

陳塏經魁

邵煁乾隆志煁作畢

楊大章

魏芝

孫煌歙縣教諭初貢芝芝死貢煌

諸　演

魏有本

邵　煉

顧明復

吳成禮　滄州知州

孫　翥　禮科給事

福建僉事

任　重　工部郎中

任蕪湖榷使

陳洪範

孫一清

十六年辛巳

張逵 楊維聰榜

徐元孝 仝子順天榜平陸知縣

張鏜 山東榜

張宿 廣西榜安慶府志任懷寧知縣以才堪治劇調上元縣旋陞六安州州同

陳玹 山東榜

徐子宜 乾隆府志通判

是年奏准縣學貢一人

有傳
胡昭南刑部郎中
邵煁附兄煉傳
楊撫有傳
邵煉有傳
史立模有傳
徐子貞工部主事高郵州同
徐譜任福建按察使
顧明復

許夔瀚子武平訓導
羅彝康熙志永定籍縣丞年佚
宋文俊康熙志德清籍年佚

嘉靖元年壬午

魏有本有傳

韓柱附父廉傳
徐珊有傳
王喬齡本名喬
康熙志嵩兄
吳御康熙志敘
子
邵旻金
錢德宏本名寬
夏漣康熙志知縣

王正思
諸　陽　太平通判
康熙志讓
孫乾隆志作
讓子　案陽
名見陽明集
實諸用明子
用明已補傳
陳　熺　筐子附從
兄煥
傳
黃思齊　順天榜
康熙志
琪子
朱師孟　順天榜
各舊志師皆
作思據題名

二年癸未		陸榦姚淶榜康熙志主事碑更正 龔輝有傳 楊大章有傳 張心南道御史 陳洪範興化知縣 張鏜		
四年乙酉			宋惟元 邵元吉 鄭寅	

胡與之有傳

徐存義

姜聯錦

俞大本康熙志同知

黃貞材康熙志知州乾隆通志知縣

王綸

管見

吳仁附錢德洪傳

五年丙戌

聞人詮 龔用卿榜 有傳
吳惺 有傳
諸演 有傳
管見 有傳

吳惺
孫陞 燧子
吳必孝
胡膏
孫應奎
吳璋 雲南榜

七年
戊子

周如底 經魁
俞介 經魁子瀾
許來學 經魁有傳
錢應揚
徐建 有傳
石繼興
夏涫 有傳
李本 本姓呂後
復姓
吳至
邵基 子煉

許安康熙志同知任臨淮知縣
鄭邦仰
徐一鳴
胡希周有傳
陸芹康熙志知縣
黃齊賢
毛夢龍
胡崇德本名德信順天榜
徐九臯

八年己丑

王正思羅洪先榜　建寧知府　乾隆志作思正
孫應奎有傳
周如底有傳
徐九臯貴州副使
趙塤有傳
徐存義敘州知府

童吉應天榜
葉洪康熙志
題名碑順天榜

十年辛卯

葉洪 有傳

吳轅 經魁 仁和籍
夏惟寧 鐵子 經魁 有傳
于廷寅 震子 經魁
周大有
谷鍾秀
徐方
管州 有傳
顧廉

楊世芳

宋大勺

丁克卿有傳

邵炤坤子康熙志知縣乾隆通志作餘杭人

徐恆錫康熙志知州

韓岳

錢大經附德洪傳

注

十一年壬辰

吳至　林大欽榜
康熙志惠州知府
于廷寅　附父霆傳
毛復　御史鳳陽府知府
邵元吉　會魁
陳塏　有傳
韓岳　御史終光山知縣
李本　有傳

陳紹先
胡汝存

十二年甲午

錢德洪有傳

孫汝賢經魁璿孫
張元
葉選
盧璘
韓應龍
王秉敬康熙志額縣知縣
陸美中安慶府志任太湖知縣有惠政仕至刑部郎中

邵時敏有傳

鄒珩康熙志知縣

諸燮

翁大立

邵惪久附兄德容傳

鄭烱

鄒絅應天榜

羅恩康熙志湖廣榜

十四年乙未

韓應龍狀元有傳

孫陞榜眼有傳附父燧傳

鄒絅刑部員外

諸燮有傳

顧廉附從父遂傳

錢應揚附德洪傳注

方長卿乾隆通志

羅田知縣

盧璘有傳

徐方揚州同知

胡崇德康熙志知縣

黃齊賢有傳

吳轅康熙志知州

鄭寅附錢德洪傳

王喬齡有傳

邵基有傳

十六年丁酉

張元附諸燮傳
鄭烱康熙志福建僉事
羅恩乾隆志副使

徐懷愛乾隆通志海寧籍
聞人德行
諸敬之
胡安軒子
宋大武大勺兄

岑恕乾隆志恕作如

嚴中

胡正蒙

陳釆

韓臯岳弟安慶府志任望江知縣行野勸農成菑畬百餘頃清隱糧千餘石

蔣坎

周仕佐

十七年戊戌

翁大立茅瓚榜有傳

聞人德行康熙

王守文順天榜見元孫業浩傳

孫坊順天榜

陳堯輔子康熙志知府乾隆府志順天榜

張建應天榜康熙志順天榜

十九年庚子

志倘寶
司丞
嚴中康熙志顓
州知府
蔣坎有傳
葉選見子逢春傳
諸敬之康熙志廣
東僉事
宋惟元康熙志主
事

陳陞煥子經魁

諸應爵絢子惠州府同知
魏有孚
童夢蘭
何一清
金蕃
楊元吉
張達
宋岳
王蒿喬齡弟
黃釜順天榜經

魁

孫佳　坊兄

周如斗　順天榜

汪世安　克章子順天榜

陳墀　陛兄應天榜

以上本嘉靖志例具職官表

嘉靖志曰府佯讀擢爲監察御史則希頤之非進士明矣又岑鵬者元進士士貴姪也國初贅慈谿其時版籍未定遂貫明州取應後寧波誌直以鵬爲姚人不書其名姚學官題名又不檢攷輒漏焉今補書之而削希頤幷攷正其謬者二十有七人庶幾實錄近理也　案此篇原闕前幅所云正謬者二十七人今

無從攷訂

錄此存參

又曰祖宗以保舉科貢網羅豪賢乃者罷保舉專任進士鄉貢歲貢謂之三途然姚士起保舉者僅百人其間以人物列傳者幾二十八甲科貢者七百人列傳者乃十餘人耳三途顧不如保舉爲得人矣其以吏能進者謂之異途三途之人輒輕之然多著才猷都高官者而陳叔剛謝瑩則尤卓然可紀者也近時奮武科者乃有孫堪毛紹胡賢文武並舉牒不空投多材之聲甲於海內矣

餘姚縣志卷十九

選舉表

	嘉靖二十年辛丑
徵辟 康熙志題徵辟 進士 今從乾隆志	陳陞 沈坤榜會魁有傳 宋大武 有傳 徐一鳴 贛州知府 吳必孝 湖廣僉事 陸美中 副使康熙志陸誤作陳據進士碑
舉人 康熙志題鄉舉 今從乾隆志	
貢生 康熙志題貢士 今從乾隆志	吳文俊 徐子麟 諸森 諸應相 常州訓導 連江 教諭 汪以榮 霍山教諭 以上府學

錄
正
宋大勺附兄大武
傳
陳采
金蕃有傳
王崙寶慶知府
周大有御史
鄭邦仰知府
陳墀附弟陛傳
宋岳附祖冕傳
谷鍾秀山西參議

陳策
吳應時
景　華
胡　慎
鄒思溫
鄔憲鍾爾通
明歷學安
慶府志太湖
縣訓
導
諸　續

二十二年癸卯

邵漳 蕃子經魁 乾隆志蕃孫
諸暲
毛子翼 同知 乾隆通志作知縣
邵稷
陳南金
趙錦 塤子
盧大經 乾隆志案通志作杭州人王府審理
胡翌 有傳

孫塀 附父燧傳
羅應奎 永定籍縣
丞
黃釜
張建
鄒絢
陳大經
吳必諒
江繼辰 乾隆府志江作汪
潘秉倫

韓弼乾隆志案通志作平湖人
毛永艮
康清知州
姜子羔仁和籍
吳宗堯雲南榜
孫鑨陞子順天榜
孫鑛順天榜有傳
沈譜順天榜以

孫邦直
王子彙
盧義之有傳
黃驥有傳
黃文煥附嘉愛傳
楊鎬
陳文顯
徐瑚乾隆志教諭本姓史雲鳳子
胡瀚有傳

二十三年甲辰

周仕佐 秦鳴雷榜 有傳
俞介 有傳
趙錦 有傳
胡安 有傳
邵漳 附祖蕃傳
孫坊 郎中
邵稷 有傳
乾

子應文貴封大理寺卿
錢仲實 順天榜 乾隆通志仲作中

陳梯 通判
徐克純 秦州學正
任六安 州學正
王正志
王時敬 訓導
胡完 見弟安傳
黃汝通 訓導
錢桂 孝豐籍

二十五年丙午

隆作 志孫 邵

張達 辰州府知

志達作 乾隆府知達

胡造 經魁

范國輔 知縣

楊誠 憲孫官任

臨淮知縣

姚正 知縣

吳宗周 雲南籍

陳嘉禾 永寧籍長史

史成教 乾隆志仙居教諭江仙居任連德化教諭

楊槁 乾隆志

二十六年丁未

胡正蒙 李春芳榜 會元廷試第三歷侍讀充裕邸講官官至祭酒贈禮

張辰

楊九韶

楊山 憲曾孫有傳

蘇民牧 同知

陳成甫

翁時器

鄒炫

二十八年己酉

部侍郎
詹一子

翁時器有傳

楊世芳見世弟華

傳

韓𤫲提學副使

孫汝賢知縣

周如斗有傳

徐懷㤅知縣

邵晙經魁

邵型德子任久

蒙城知縣歲

饑捐俸以賑

蒙人立祠肖像祀之

陸一鵬

黃尙質有傳

胡　升麻城知縣改惠州府教授陞大理許事

陸夢熊鵬從子

徐紹卿建子

孫汝賓應奎子

吳敬夫盱眙縣丞

廉明敏惠陞海州知州

孫汝淮乾隆通志淮作滙

周大宇知縣

顧文仁和籍

胡孝仁和籍

孫鋋陞子順天解元

周思齊附父如底傳

張孔修福建榜有傳

二十九年庚戌

三十一年壬子

胡膏 唐汝楫榜

附楊撫傳

諸暲 工部主事

楊元吉 行人司

孫佳 郎中

鄭漢 乾隆志順

天榜

孫科 乾隆志貴

州榜

諸大圭 綱孫解元

倪章 知縣

項迪知縣
毛惇元文炳子
邵甄本名遠知
州
楊崑憲曾孫推
官
唐景禹
陳有年克宅子順
天榜
顧逵蘭子順天
榜京府判

三十二年癸丑			
		孫鋌陳謹榜有傳 楊九韶有傳 姜子羔有傳 李元泰進士碑錄	楊乾知撫子天順天榜 黃驊蕭子應天乾隆同知榜通志驊作驛 李元泰雲南榜

三十四年乙卯

雲南衢籍

姜天衢　聯錦子經魁銅陵知縣

韓鍪　明孫知縣乾隆府志鍪作鰲

孫大霖

史嗣元　琳曾孫

任春元

楊世華　世芳弟

謝用謨　遷孫時年十四鄉舉

三十五年丙辰

孫鑨 諸大受榜

周光祖

胡時化 本名樵

馮天衢

沈祖學 順天榜知州

葉之盛 本名逵開建知縣治尚書有聲

胡郁 應天榜

張翊元 逵子順天榜通判

三十七年戊午

有傳
陳南金工部主事
胡孝徽州知縣
進士碑錄
仁和軍籍
陸一鵬有傳
唐景禹
徐紹卿附父建傳
孫大霖刑部郎中

孫汝賓經魁
張岳時澤曾孫經魁

錢應斗本名應弼

京府判

邵壎知縣乾隆志石埭知縣

夏道南

徐廷蘭知縣

陳三省附曾祖雍傳

胡希洛

孫錡知州乾隆通志知縣安慶府志

望江知縣

張紳

葉逢春 選子

胡維新 安子

姜天麒 聯錦子初知海門陞任曹州

顧燮 逵子

陳覲 煥子順天榜

孫鍒 本名鈞陞子順天榜

三十八年己未

毛惇元 丁士美榜

榜眼 陳覲 有傳

陳成甫 江西僉事

邵畯 行太僕少卿

胡維新 陝西參政

史嗣元 附祖琳傳

夏道南 有傳

張岳 有傳

朱應時 順天榜

餘姚縣志　卷十九　選舉表　十

餘姚縣志　卷十九

四十年辛酉	四十一年壬戌
	陳有年 申時行榜
張對 岳弟 周思充 如斗子 錢立誠 知縣 管府 附父見傳 徐執策 守誠孫 胡旦 東皐子 諸察 文實孫 蔣勸能 坎子順天榜 翁大賓 乾隆通志	

四十三年甲子

有傳

任春元廣東僉事乾隆志元作光乾隆府志作郎中

諸　察有傳

楊世華有傳

朱應時行太僕少卿進士碑錄羽林衛籍

周思充附父如斗傳

史　銁鶚孫經魁

史銓 見子記勳傳

史自上 附父立模傳

沈應文 譜子

張堯年 璿曾孫

任德正

盧中 福州同知

鄒墀

黃兆隆

姜子貞 見子鎰傳

陸詔 淵孫

嚴昌世 順天榜本名應元乾隆通志作仁和人

顧奕 順天榜逵子知縣乾隆志知州

張道明 順天榜府志作隆慶丁卯

呂祖望 順天榜遂子

顧褒 應天榜

四十四年乙丑

顧　褒范應期榜
附父遂傳
徐執策附父允恭傳
葉逢春有傳
蔣勸能有傳

范　樘乾隆志乾隆府志作鏜

隆慶元年丁卯

楊文煥山子本名文元
管　稷

孫應龍府學恩貢
宋　惠恩貢
錢應乾州判

鄒學柱

邵陛 德久子

潘日仁 通判

邵程 附父基傳

陸鎮默 本名部

邵一本

周思宸

孫汝匯 乾隆志汝作如

趙邦佐 乾隆通志杭州人

葉遴 教授

鄒名 有傳

二年戊辰

邵陛 羅萬化榜　有傳

沈應文 有傳

鄒學柱 有傳

張堯年 有傳

鄒墀 有傳

張翀 江西按察使

諸大木 應爵子順天榜知縣乾隆通志大圭弟汀州府通判

四年庚午

孫汝匯員外至長史

邵一本嘉定知縣

張道明庶吉士廬州知府

孫鎔有傳

孫汝賓附父應奎傳注

李槃綵魁

諸大倫讓曾孫大圭兒

李乾養推官
胡邦彥知徽州
州志任徽州通判
蔣京通判零
陵縣志任
零陵縣
史元熙自上
子南金
陳希伊子本名
丁懋建世偉
施倴知縣
俞嘉言
陳縉知縣乾

五年辛未

史鈳

張元忭榜

隆志案萬歷志作知州霍邱志任霍邱縣撫民禮士丈田均差興利剔弊惠聲藉藉後官知府

孫鑛陞子順天榜

宋可久岳子順天榜知州

宋惠應天榜知縣

見從子記勳傳

陸夢熊附從父一鵬傳

俞嘉言高州知州乾隆通志作知府

周思宸附如斗傳

黃兆隆康熙志知府隆作龍據題名碑正

胡時化御史至河南參議

管稷湖廣副使

萬歷元年癸酉

辰州志任辰沅兵備道　諸大倫有傳

邵夢弼　蕃曾孫經魁
史重淵　知縣史譜任福建永安知縣
胡時麟
鄭道　知縣
邵掄　堪弟乾隆通志仁和籍
葉遵

胡正善　縣丞
孫如亮　應奎子乾隆志案府志萬歷志作汝亮
汪以華
呂式　訓導
錢應量　教授蕪湖志任蕪湖教諭
陳邦奇

二年甲戌

孫鑛孫繼皋榜

管應鳳府子乾隆志鳳作龍
錢應樂附父德洪傳注
張敬新懷孫
周思文知縣嘉興志任海鹽教諭
黃化龍
鄭昌國福建榜
盧夢錫乾隆志

楊大亨
鄒登庸訓導
姚程
高廷桂寧波訓導
韓洵鰲子選貢
邵穎達選貢
盧夢桂義之子
黃朝選仁和籍

四年丙子

會元有傳
史元熙附祖立模傳
葉遵工部給事中
丁懋建澤州知州
孫健雲南鶴慶軍籍

孫如游墀孫
張雲鶴長史徽州志任婺源教諭

黃夔附嘉愛傳
姜效乾有傳
張元化撫州教授
葉以圭知縣以上府學
毛懋仁
陳宗信阿彌知州
俞楠教諭嘉

毛秉光 武岡志任武岡州知州

毛鳳鳴 通判嘉興志任平湖教諭

徐震

盧元復 仁和籍

孫如法 鑨子順天榜

韓子祁 弼子順天榜乾隆志案通志平湖籍州同知

興府志任嘉興訓導

童文 訓導

胡謇 東皋孫訓導

王子佐 日照知縣

張應元 達子袁州府教授嘉興府志任海鹽教諭

王承訪 訓導

張讓 訓導

五年丁丑

七年己卯

諸大圭　沈懋學榜

工部主事

徐震　有傳

管應鳳　有傳

朱士貴　同芳子應天榜通判

孫思述　乾隆志貴州榜解元

史記勳　銓广

蔡蒙　知縣

胡汝器

徐廷銓　訓導

張燮　應元子選貢

諸希獻　選貢

徐應斗

朱宇道　見子錦傳

八年庚辰

邵夢弼 張懋修榜有傳

張集義 岳子
姚文德
聞人金和
陳鏌 陛子順天榜
應世科 乾隆志台州籍順天榜汝州同知乾隆通志仙居籍

邵應蒔 恩貢附基傳
舒相 山東籍
徐如堯 香河籍
韓孟 平湖籍
吳震 雲南籍
錢誌 孝豐籍乾隆志案府志萬歷志作錢誥
翁日可 時器子訓導

十年壬午

李檠有傳

胡旦有傳

姜鏡子羔子解元

陳治則三省子乾隆府志作蕭山人

史秉直嗣元子樂清教諭陞福建清流知縣

陳萬言

許澣訓導乾隆府志澣作瀚

趙應龍州判乾隆志龐作龍

趙應機州同

陳本鎔授成都通判奢因之變松衛餉絕鎔慰定之卒保定通判

胡性仁乾隆志

史芳乾隆志梧

十一年
癸未

胡時麟 宋國祚榜
有傳

吳道光 敘曾 孫
呂肯昌 本孫 順天
榜
顧涉 奕子 應天
榜
葉重光
沈裕 武康籍
孫思繼 乾隆 志貴
州榜

州府教授
史譜三中副
車
諸士俊 萬歷 丙午
歲貢任虹
縣知縣

十二年乙酉

史記勳有傳
楊文煥有傳
姜鏡有傳
陸鎮默有傳
呂胤昌吏部主事
聞人金和知府
孫如法有傳
姚文德
盧夢錫乾隆通志
華亭籍

陳謨經魁

陳治本三省子

孫繼有

丁履泰

徐應登

孫應龍知縣潁潁州志任潁上知縣

朱應龍通判

諸元道有傳

楊宏科九部孫

陳所志

張銓附祖槐傳

陳志科補授南城知縣

丁浚歸安籍

張紹魁順天榜解元

孫鋐鈴弟順天榜

周昌憲思充子順天榜

葉敬愿洪孫順天榜德州籍

乾隆志愿作

十四年丙戌

吳道光唐文獻榜有傳
張集義有傳
楊宏科有傳

應
史記純順天榜
乾隆府志
純作湣
孫唫順天榜
楊日章順天榜
胡正道順天榜
張大光乾隆志

十六年戊子

孫繼有有傳

黃球本名應立

楊維嶽

朱錦乾隆府志

朱作諸

陳贄生

呂肩昇本名昇知府乾隆縣志作光昇

毛可儀

蘇萬傑有傳歸安

沈鼎臣籍

十七年己丑

楊維嶽焦竑榜有傳

陳鍭乾隆府志副使

陳覺生乾隆府志按察副使

乾隆志案省志作烏程甄子

邵伯棠本名

欽諭應天榜

王國昌乾隆志應天榜

十九年辛卯

毛鳳起解元秀水籍乾隆志作起鳳
魯史
孫如涯有傳
童志仁寧波府志奉化教諭
韓思忠附高祖廉傳
戴王言
張約禮岳子
陳本欽克宅曾孫

二十年壬辰

朱錦春 翁正榜 有傳

陳治本 附高祖雍傳

陳治則 附高祖雍傳

沈裕 有傳

寧波府志

象山教諭

張王化

潘陽春

邵圭 有傳

二十二年甲午

丁浚　兩淮鹽運使

葉敬愿　附祖洪傳

周汝明

黃棟材　仁和籍

呂肩祁　本孫順天榜仁和教諭遷電白知縣

葉憲祖　逢春子應天榜

朱有光　應天榜　乾隆志案省志作順天榜

二十三年乙未

二十五年丁酉

孫如游 朱之蕃榜有傳

黃化龍 行人

崇德人監利知縣

邵炳文 稷孫

蔣一驄 坎孫乾隆通志驄作聰

趙應貴 塤曾孫

宋德洪 大武孫深州學正遷連江知縣

諸允修

二十六年戊戌

二十八年庚子

戴王言趙忠榜有傳

潘陽春廣東參政荊州志任荊關抽分

黃三策驊孫六合籍應天榜康熙志作黃三據題名碑正

金煉順天籍進士碑錄山東濟南府德州衛軍籍

聞人宗望德行

孫　昌化志
昌化教諭
鏡子
姜逢元本名
一
濂
邵元凱　有
傳
俞三暘
鄭之尹　乾隆
通志
作會
稽八
王先鋐　順天
榜經
魁見子
業浩傳
毛柏　實元
孫順
天
榜

二十九年辛丑

蔣一驄 張以誠榜
附從父勳能傳

邵穎達 應天榜
乾隆志邵作
鄒常州志
任江防同知
多惠政民立
祠祀
之
邵于巘 仁和籍
乾隆通志
巘作巘
海寧
史啟英 籍
康熙志啟作
起據進士碑
錄
正

三十一年癸卯

徐應登御史

諸允修有傳

邵喻義漳孫

馬希曾

史記緒子鈳

朱正康熙志作

諸正通志作正據朱乾隆朱一

氏譜正

葉大受

趙應標

楊培附父文煥

三十二年甲辰	三十四年丙午
魯史 楊守勤榜 山東提學副使 葉大受 山東參政 陳謨 有傳	
傳 朱一騏 海寧籍 乾隆通志騏作麒 孫奕美 乾隆志 張盛治 乾隆志 貴州榜	馬成允 知縣

三十五年丁未

金煉　黃士俊榜河南陝西右布政

吳煥章　高州通判

吳成德　茂州知州

馮國英　進士碑錄錢塘竈籍

潘瑞春　順天榜

張燮　應天傍遵化知縣乾隆志作知州順天志任東安知縣

沈景初　應天榜

三十七年己酉

翁日襄廣德知州
呂邦翰
邵鳳廷
張治績附曾祖槐傳
潘融春
王先鐸有傳
王業浩
胡一鴻
錢養民順天榜永定知縣

餘姚縣志　卷十九

三十八年庚戌

四十年壬子

胡一鴻韓敬榜有傳

黃球

潘融春江西參政

乾隆通志

四川布政

張紹魁

謝秉謙乾隆通志

應天榜

陳孔教有傳

胡敬辰

胡一鶚武昌府志

咸寍
教諭
朱瀛達
施邦曜
張廷玉員
外
盧承欽康熙
志承
作成據進
士碑錄正
房縣
孫業釗知縣
順天
童學賢榜廬
州同知無
爲州志任江
防同
知
孫如洵順天
榜

四十一年癸丑

姜逢元周延儒榜
有傳
沈景初附父應文
傳

王業浩有傳
朱瀛達江西參政
乾隆通志
陝西副使
孫如洵有傳

四十三年乙卯

黃尊素
李安世槃子經魁
邵爲棟

姜鏜有傳

姜一洪進士碑錄會稽籍

陳公慶

俞鳳章推官

黃憲沖應天榜知縣

陳士聰順天榜

邵睿智教諭順天榜

蔣茂浙順天榜附

四十四年丙辰

四十六年戊午

黃尊素錢士升榜有傳

朱一騏行人康熙志朱作陸據進士碑錄正

盧承欽太僕寺少卿

姜一洪有傳

祖勸能傳

蘇萬備東陽教諭乾隆通志襄陽教諭

四十七年己未

施邦曜　莊際昌榜

曾時昇　順天榜　知縣
周官　順天榜　知縣
胡鍾麟　武康籍
周啟祥　崑山籍
乾隆志　應天榜
孫炳奎　雲南榜
汪明際　乾隆志通
應天榜

天啟元年辛酉	
	有傳 呂邦翰行人有傳 葉憲祖附傳 魯時昇邦曜施傳 史啟英康熙志史作朱據進士碑錄正乾隆通志盧州知府 馮國英乾隆通志國子監博士
翁日穆	
邵純仁廬州通判	

二年壬戌

四年甲子

胡敬辰　文震孟榜　禮部員外　乾隆通志參政

史啟夔　元熙孫義烏教諭

熊汝霖

胡從正　順天榜同知乾隆通志山東榜

鄭翼雲

張廷賓　有傳

許兆金　弋陽知縣

邵應祿　訓導

朱鉞　宇道子延平府通判

史可章　鈳孫大理寺寺副

朱鐖　宇道子恩貢題選教授

潘之夔

許鏘　應天榜副貢常州府通判

五年乙丑

鄭之尹余煒榜見
子遵謙傳

高騰蛟知縣
方啟元知縣頴州志任頴上縣丞
諸允儼
邵士龍
張存心
鄭光昌順天榜
孫士俊乾隆通志寧波志任象山教諭

姜鏻子貞子辛酉順天副貢授永昌通判
朱銑宇道子恩貢
胡祖舜乾隆志金華府教授台州府教授
史秉鑑乾隆志松江通判
張繩武對孫甲子副貢

七年丁卯

楊國肇　經魁教諭

吳恭章　禹城知縣　副貢

楊琪森

于重華

陳士瓚

滑彬　順天榜

李嗣宗　乾隆志順天榜進士碑錄興化民籍

毛寬　乾隆志應天榜

史孝咸　史譜辛酉

姜道元　順天副貢

年佚有傳

崇禎元年戊辰

三年庚午

鄭光昌 劉若宰榜 有傳

李嗣宗 乾隆通志

陳相才

邵毓材 寧州知州

潘同春

潘之斅

金淶

岑君弦 乾隆通志

弦作鉉

李盛世 槃子附

陳士繡

陳公時

諸涓 以上府學

史可鑑 恩貢乾

隆志武岡同知

史可贊 歲貢

姜應望 杭州教授

禹貢 嘉興府志

嘉興府訓導

徐重明 一名元華

有傳

四年辛未

于重華

陳于泰榜

國朝兄安世傳

邵光肩杭州籍乾隆志案省志富陽籍

邵之驛有傳

李芳春乾隆志乾隆府志順天榜

李建乾隆志乾隆府志順天榜

邵元凱乾隆通志

黃陂知縣

陳王前永嘉教諭

徐進明

宋德滋同知

陸爲楠

胡遵度蘭溪縣教諭

龔應宿乾隆志案府志作宗宿

諸標乾隆志案府志作朱標

羅粹美

六年
癸酉

有傳
熊汝霖有傳
胡鍾麟

岑鐈同知
邵之詹有傳
邵葉槐有傳
張羽翀燮孫
孫先梅嘉興教諭
高攀桂
張寄瀛山陰籍
孫嘉績順天榜

黃宗會有傳
姜天樞癸酉丙子兩中副車附父逢元傳
邵秉孝乙卯副貢
邵明善恩貢
胡鍾亮拔貢乾隆志台州府教授
胡鳴鑾乾隆志兵部司務歷職方司主事
胡毓元入國朝有傳

七年甲戌

九年丙子

鄭翼雲 劉理順榜 刑部郎中 乾隆通志都御史

魯應期 順天榜知縣

姜應龍 本姓邵順天榜進士碑錄淮安鹽城籍

邵泰清 仁和籍

邵秉節 元凱子經魁

俞長民 有傳

張之琳 治功次子

崇禎丙子副貢寧海教諭

十年丁丑

管宗聖有傳

陳士瓚劉同升榜進賢知縣

潘同春蒲州知州

孫嘉績有傳

馬晉允

嚴之偉

孫之龍山陰籍乾隆志案舊通志作劉子龍乾隆通志作劉之龍

蔣汧本姓毛嘉善籍

十二年
己卯

姜應龍
陽信知縣
孫鼎

宋賓王
德洪
子解
元房山知縣
乾隆通志
任任邛
知縣
姜愛
舊志
旨作
姜謙受
據進
士碑錄正
朱召涫
禹城
知縣
教諭
乾
邵琳
隆志洪
洞知縣
附父
沈景怡
應文
美

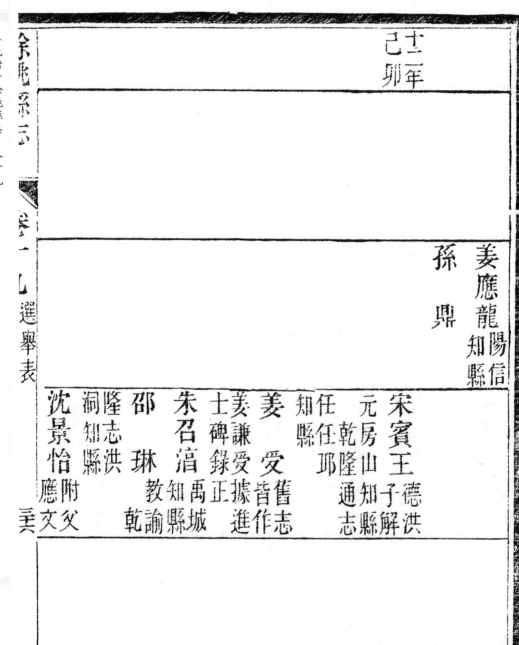

十三年庚辰

十五年壬午

邵秉節魏藻德榜附父元凱傳
陳相才有傳
姜受中書舍人
進士碑錄特賜進士出身史惇等二百六十三名
徐進明附從兄重明傳

傳應天榜
戴長治秀水籍經魁進士碑錄海鹽籍
孫震教諭乾隆志東光知縣
鄭夢坤
朱雅湇召湇弟大

十六年癸未		李安世有傳入國朝　楊廷鑑榜	理知府　韓肇甲　程法孔有傳　羅晟應天經魁　許暘應天德榜　安知府　姜希轍有傳入國朝

類別	（續前）	順治二年乙酉	三年丙戌
國朝徵辟			
進士	嚴之偉 盧陵知縣 戴長治 禮部主事		袁懋功 傅以漸榜
舉人		案是科各直省均由順天鄉試 袁懋功 乾隆志香河籍	童奇齡 教諭 嘉
貢生 康熙志題貢士原注止錄歲貢拔貢今遵學政全書恩拔歲副優詳載		朱思睿 乙酉拔貢順天籍本科副榜任永福知縣	朱之光 歲貢 重慶

山東撫院

興志平湖教諭

張燁

岑崧

許元孝直隸臨城知縣

張之楙有傳

王振孫德清教諭

胡惟德順天榜

進士碑錄宛平籍

邵嘉肩潁達子西安知府乾隆通志作富

知府

翁年奕選貢任邱知縣翁譜時器曾孫戊子貢

姜廷槐選貢會稽籍上元知縣姜譜戊子貢

高選有傳

孫光曇有傳

鄒侯周丁酉副貢

姜天權選貢丁酉

四年丁亥

五年戊子

胡惟德呂宮榜出

書

孫應龍德州知州

陽人

邵洪襄伯棠子玉

田籍

戴京曾錢塘籍

鄭龍光平湖籍

孫應龍乾隆志

進士碑錄

餘杭籍

項臯臨漳知縣

歲貢山東聊城縣丞

胡燧乾隆志庚子副貢

朱頌滔辛丑拔貢廷授博學

韓元俊府學家山教諭以下年佚

姜一治鏡子府學

孫揚府學漳州

鄭光國 韓城知知縣府
周景從 本姓鄖後
復姓
夏復
呂應鍾 康熙志鍾作鐘據進士碑錄正
徐岱 知縣
胡鶴翥 敬辰子主事
翁年奕 附從父月乾傳

孫藉滋 有傳
邵洪庚 兗州同知
順天府志恩貢任武清縣楊村丞改通判
潘偉
鄭安仁
鄒光紀
夏象賢 教諭
韓鋐 恩貢

六年己丑

八年辛卯

鄔景從劉子壯榜有傳

戴京曾大理寺丞

鄭龍光分守凉莊道

張之栻附明曾祖槐傳

張晉有傳

楊翥知縣

知順

呂康成

吳振宗

黃顯之

鄭元吉連江縣丞署縣事

袁懋德順天籍都經事中

張楷選貢河南籍荊門知州

陳相文選貢歸德

府知

九年壬辰

呂應鍾　鄒忠倚榜

天府志任文安知縣
余復亨
陳祖法　謨孫有傳
王泰來　東陽教諭
鮑經綸　錢塘籍知縣
楊應標　乾隆志進士碑錄作楊標元城籍
邵汝懋　順天榜
馬晉允

宋茂俊　刑部郎中本姓黃
何瑤　安吉教諭
余弘道　婁縣縣丞
許霖吉　正白旗教習考授知縣

十一年甲午

戶部主事

邵昆嶽之詹子康熙志昆作崑據進士碑錄正

沈振嗣景怡子

兪嶙

胡鄂

岑眉乾隆志鉅野知縣寧波府志任慈谿教諭

何繹之乾隆志東

十二年乙未

戴錫綸史大成榜

有傳

楊應標溧陽知縣

陽教諭

戴錫綸王言姪孫

姜廷櫸會稽籍肥城知縣科名錄櫸作舉

諸用章順天榜

史起賢順天榜蘇松常鎮糧儲道乾隆府志起作啟

十四年丁酉

鄭謙光昌孫
乾隆志作鄭濂
張致敬本姓徐後
復姓
史𠍱轍記勳孫
姜岳佐本姓孫汝
賓曾孫慈谿籍
邵吳遠仁和籍
鄭夢坤
李承㬌乾隆通志
順天榜

十五年戊戌		馬晉允孫承恩榜　翰林侍讀　沈振嗣附明祖應文傳　胡鄂松江推官　史尚轍狄道知縣		
十六年己亥		案是年再行會試　鄭夢坤徐元文榜　附明父希聖傳		
十七年庚子			朱約淯　鄭耀如乾隆通志	

十八年
辛丑

邵昆嶽馬世俊榜
商河知縣
余復亨進士碑錄
余作俞
徐致敬康熙作張致敬據碑錄已復姓徐
朱約涫泰安知縣

耀作曜盧籍
琦盧譜錢塘

	康熙二年癸卯	三年甲辰	五年丙午
	高士奇 內廷供奉 侍讀學士 年甲佚		
俞嶙 戊戌進士 本科殿試附 父嗣夫傳		邵吳遠 嚴我斯榜 會魁翰林院 纂修仁和籍	
	錢增 本姓沈 科名錄作沈 增仁和籍		徐景范 解元 有傳 陳祖則 詵孫 史在官 有傳 韓士淇 平湖籍 乾隆志 子祁孫
	張之森 呂淑成	胡竟成 乾隆府志 作順治 朝恩貢	黃元 乾隆府志 黃作王 以上年甲佚

六年丁未	八年己酉	九年庚戌	十一年壬子
盧琦繆彤榜會魁內閣學士兼禮部侍郎			
李承瀚乾隆通志	邵奏平解元仁和籍 邵弘堂之詹孫經魁 邵元度 諸[illegible]魁 姜[illegible] [illegible][illegible]乾隆志案		
			胡燦例貢 趙宏基歲貢考授

十三年甲寅　十四年乙卯

省志及府志作會稽籍

宋徵烈順天榜

進士碑錄遼陽州籍

馬一驄順天榜大興籍乾隆府志作一聰

翁嵩年仁和籍

羅珩辰姪順天榜

蔣茂沆有傳

盧鑄

教諭

徐景瀚拔貢考授教諭乾隆志慶元教諭從祀鄉賢

樓元歲貢

史漢史譜副貢

葉旦乾隆志副

十五年丙辰

十六年丁巳

邵璸本名宏魁貢附明憲祖傳 乾隆志昌邑知縣 乾隆府志順天榜 乾隆通志山陰籍 滑吉人乾隆志 乾隆通志仁和籍

高華有傳

孫文明恩貢考授教諭

沈鏞歲貢考授教諭

十七年戊午　黄宗羲有傳

戚元士

姜希轍逢元孫天樞子乾隆通志山陰籍

姜公銓希轍子乾隆府志會稽籍

蘇滋忭康熙志滋作之據進士碑錄正

史漢銅曾孫

姜承爀乾隆志案省府志山陰籍

金宣乾隆志仁

吳楚歲貢乾隆志列戊子

十八年己未

徐沁 有傳

邵元度 歸允肅榜 乾隆志韓城知縣

二十年辛酉

和籍本姓周

姜承烈 乾隆志順天榜案省府志山陰籍

邵巖言 歲貢

姜垚 乾隆志歲貢會稽籍

陳新烈 在京例貢 乾隆志拔貢武義教諭

俞鼎 乾隆志副貢景寧教諭

朱標 歲貢考授訓導於潛訓導

嚴以振 例貢考授

二十一年壬戌

姜之琦 蔡升元榜康熙志列十二年癸丑據俾錄正附曾祖效乾傳

訓導乾隆志作丙寅歲貢餘杭教諭

徐文楨 乾隆志歲貢楢作値

韓晉 歲貢考授訓導府學

韓鼎 例貢考授訓導乾隆志作戊辰歲貢

邵熺 例貢考授訓導乾隆志戊寅歲貢

二十三年甲子

二十五年丙寅

邵焻

邵燦

呂師時乾隆志新昌籍科名錄作呂峃

郎捷科名錄

奉化訓導

鄔佩珍例貢乾隆志己卯副貢

鄔玉珍例貢

諸國楨歲貢

諸藻歲貢乾隆志作丙申貢

蔣珍拔貢乾隆志作癸酉拔貢

二十六年丁卯

二十七年戊辰

二十八年己巳

陳元 沈廷文榜 有傳

翁嵩年 進士碑錄

陳元

孫子存 歲貢考授訓導乾隆志作之存庚午貢

徐景濤 歲貢己卯 副貢

徐世傑 例貢徐譜博白縣典史

三十年辛未

姜承爃 戴有祺榜 乾隆通志檢討 乾隆志列戊辰

宋徵烈 乾隆志列戊辰

徐景洵 歲貢 乾隆志作丙子貢

三十一年壬申

嚴宣 歲貢 乾隆志作丙子貢 任平湖訓導

陳景恕 例貢

沈名俊 例貢

以上本康熙志例同前惟貢生原有時代無年分卷

末附錄監貢又分注各貢名目不一明季什九無從攷訂姑因其舊入　國朝則可稽者分年編次一循其序無徵者仍從蓋闕類列於右其別錄攷職監生一類乾隆志已就删削至如例貢例監近代更書不勝書今定康熙癸酉年起惟錄正途五貢依乾隆志

三十二年癸酉	三十三年甲戌	三十五年丙子
	蘇滋沐 胡任興榜 丹陵知縣 歷官後改名 賡言	
		朱衣客 乾隆府志
姜兆驊 拔貢 會稽籍		

客作
容
何光煥洪雅知縣
孫浚
謝轍
毛聃
姜光驊會稽籍平江知縣
邵昌文順天榜喻義知縣改海寧教諭
諸日圭順天榜
邵之政順天榜

三十八年己卯

邵琮　順天榜大興籍大竹知縣乾隆通志作山陰人

邵旦平　部譜仁和籍

王芝　本姓張乾隆通志作山陰人順天榜

潘舜水

鄔佩珍　副貢

朱緯　副貢乾隆府志緯作偉

陳日楙　副貢

謝司徽　副貢

徐景濤　副貢

四十年辛巳
四十一年壬午

邵坡　琳孫，有傳
孫金鼎　乾隆通志知縣
章滄　順天榜。乾隆通志滄作烰，會稽籍
戶部郎中
周士　順天榜。乾隆通志作周之士，山陰籍
王芊　順天榜，歷

史翼韓　恩貢
蘇滋恢　府學拔貢
諸起新　拔貢。乾隆府志諸作謙

四十二年癸未
四十四年乙酉

城籍
邵錫章遠平子仁和籍
科名錄是年加額五經卷三名
邵向榮琳孫有傳
周鏞
馬淑泰
姜承謙會稽籍

朱之瑞朱譜是年歲貢乾隆志作辛未史在濂歲貢乾隆府志濂作廉
史一部丁酉順天
副貢寧海教諭

餘姚縣志　卷十九

四十五年丙戌

諸起新王雲錦榜
翰林院檢討
姜承讌
孫讜乾隆通志

諸起新順天榜
孫讜順天榜
進士碑錄滄州籍
姚永本姓史
乾隆通志烏程籍
邵錫光吳達子仁和籍

四十六年丁亥

四十七年戊子

邵錫章　武進知縣　乾隆通志

邵錫光　長垣知縣　乾隆通志

王莘　溧陽知縣　沈廷芳椒園文鈔

蘇滋恢　順天榜

邵之旭　順天榜大興籍乾隆通志作山陰

徐夔　歲貢

四十八年己丑	五十年辛卯	五十一年壬辰
邵之旭 趙熊詔榜 金壇知縣		邵向榮 王世琛榜 有傳
	孫檟 經魁 孫之持 姚暹 乾隆通志 餘杭籍 邵洙 山陰學籍榜 姓王 蘭溪教諭	
黃鐘 歲貢	許驤 副貢 姜承爐 歲貢	

五十二年癸巳恩科

是年八月會試王敬銘榜

蘇滋恢　有傳

是年二月鄉試

何伊思

黃　猷　乾隆府志本姓韓乾隆志作韓黃猷今據科名錄正

徐宗枚　戶部觀政

楊邦翰　順天榜

乾隆通志海鹽籍

嚴　垓　湖州府教授嚴譜任桐廬教諭

楊之楨　科名錄作

孫之逵　拔貢

張嘉成　恩貢

五十三年甲午

樓　鎮　歲貢

五十四年乙未
五十六年丁酉
五十八年己亥

餘杭籍
沈王岱 乾隆通志作沈岱順天榜錢塘籍
邵繼雲 榜姓鄭西鄉知縣
邵之楷 順天榜大興籍寧鄉知縣
葉正夏 山東榜德州籍

諸敷年 歲貢
鄒尙 歲貢
馬行 歲貢
韓觀 歲貢

五十九年庚子	六十年辛丑	六十一年壬寅
		邵坡 特徵內廷纂修
朱予一 四會知縣 沈莫倘 有傳 邵大生 琮子順天榜大興籍乾隆通志作山陰人		

聞人淇 乾隆府志歲貢

陸復 歲貢

施廷義 歲貢年甲

佚

史在明 歲貢年甲

雍正元年癸卯恩科

陳　梓有傳

是年九月會試
翁運標子振榜有傳
邵大生大名府教授

是年四月鄉試
馮翩飛經魁本名翩羽知縣順天府志任固安縣丞永定河丞靜海知縣
翁運標年奕孫
鄭世元有傳

佚
呂鉅烈嘉興府志歲貢任海鹽訓導年甲佚
狄仙瀛甯波府志象山教諭
岑元亮副貢仁和籍樂清教諭
何光耀恩貢
俞公旦歲貢乾隆府志作甲辰貢俞氏譜從祀文成祠

二年甲辰

是年三月恩試補癸卯正科

孫鑄文 即墨知縣乾隆通志知州

張廣心

張芝

謝宜相 順天榜解元酆都知縣

胡師亮 順天榜榜

姓

周

四年丙午

張景南

倪繼宗 歲貢遂安訓導乾隆府志作丙午貢

陸獻猷 府學歲貢

六年
戊申
七年
己酉

胡世鉦霞浦知縣己酉順天副貢有傳
邵余芝順天榜乾隆通志作余芝山陰人訓導行誼敦厚設教端嚴
徐世棠歲貢仁和
史錦順天榜見崇祀仁和名宦祠
子湛傳
邵必昌科名錄仁和籍
李承翰順天榜
邵自勵大興籍順天榜虹縣知縣

俞望隆歲貢
陳日輝副貢
施有恩府學拔貢

十年壬子

黃梁 乾隆通志 餘杭籍 科名錄

楊肇昇

孫希文

蔣本

孫兆龍

邵大業 大琮子 大興

鄒嶙 拔貢

謝起龍 府學歲貢

朱觀 歲貢 乾隆府志 庚戌貢

岑兆松 乾隆府志

貢

胡作梅 副貢

史在鑰 順天副貢

陳夢炎 歲貢 處州訓導

十一年癸丑

十二年甲寅

十三年乙卯

邵大業 州知府

陳倓榜徐

籍順天榜解元

諸昂

岑葳 含山知縣

翁雲 國子監學錄

翁元孫 嘉興府志

嘉興府教授

謝匡翰 姚江詩存

歲貢

邵昂霄 拔貢

洪義荊 順天副貢榜姓金授州判任山陽縣丞署金匱知縣

		諸克紹 順天榜	
乾隆元年丙辰	邵昂霄 有傳	岑兆松 解元 孫仁錫 經魁 施毓暉 鄒嶙 順天榜 諸克任 錢塘籍	童俊 恩貢 縣丞 呂法祖 歲貢
二年丁巳	鄒嶙 于敏中榜 綏德知州 施毓暉 上思知州		
三年戊午		羅襄 盧文弨 順天榜	朱士照 歲貢 陸烈 副貢

四年己未

六年辛酉

姜向晟 科名錄

乾隆府志會稽籍

胡邦翰 經魁

胡則安 白水知縣

耀州知州

羅奇 長沙知縣

常德府志 桃源知縣

謝汝軾

朱彖奎

高巖山 府學歲貢

乾隆府志戊午貢

馬乾學 副貢

黃用賓 拔貢 有傳

	七年壬戌 九年甲子	十年乙丑
		孫仁錫 錢維城榜
陸烈 順天榜 乾隆府志列甲子科 毛師灝 有傳 邵自鎮 之旭子順天榜大興籍 黃嶽 陳鳴盛 羅廷元 順天榜 周行 順天榜		
張則載 歲貢 戚環溪 歲貢		

十一年丙寅		壬戌進士是科殿試有陸烈傳		孫羆歲貢景寧訓導乾隆志作丙辰歲貢	
十二年丁卯			謝應雷	王希濂府學歲貢乾隆府志作戊辰貢	
十三年戊辰				姜飛鳳歲貢	翁會點歲貢
十四年己巳	謝應雷薦舉經學				
十五年庚午			岑兆鋐	陳爾瑜府學恩	

十七年壬申恩科

是年八月會試
盧文弨　秦大士榜
探花　有傳
胡邦翰　有傳

朱應　順天榜　順天貢
孫維龍　順天榜
進士碑録　宛平籍
盧世綸　乾隆府志
順天榜鹽大使
是年二月鄉試
邵世棠

趙炎　府學恩
貢
鄔希文　歲貢
胡作霖　貢　恩
乾隆府志作庚午
邵元祚　歲貢建德
訓導
諸肇瑛　歲貢
諸重光　副貢

十八年癸酉

諸重光

沈元煇 莫尚子河南籍甘州知府乾隆府志煇作輝

張崇禮 順天榜乾隆府志作上虞人

徐珓 拔貢任州判簡州知州

十九年甲戌

黃嶽 有傳

莊培因榜

黃璋 有傳

馬乾學 新城教諭

吳溶 貢乾隆府志作壬申貢 恩

二十一年丙子

蘇恩光 歲貢

邵廷楷 歲貢

方徵蕙 副貢乾

二十三年戊寅

二十四年己卯

邵陞陛　有傳

陳德輝　祁縣知縣

邵晉之　仁和籍

邵是枏　經魁　附父昂霄傳

胡澄淵

邵自華　順天榜　大興籍　清豐教諭

邵庾曾　之旭孫　順

隆府志　蕙作熏

陳松　府學歲貢

符廷銓　歲貢

二十五年庚辰是年鄉試恩科

二十六年辛巳恩科

諸重光　畢沅榜榜眼有傳

孫維龍　有傳

邵自鎮　王杰榜大名教授

邵庚曾　刑科給事

天榜大興籍

謝遲　順天榜大興籍

呂世慶　順天榜荊州同知

邵自昌　大業子順天榜大興籍

羅繼章　歲貢乾隆志作庚寅歲貢今據學冊檔正

呂岳　順天榜副貢州判

二十七年壬午

二十九年甲申

三十年乙酉

中山西雁平道

邵自悅　大業子順天榜大興籍

何湘　順天榜

邵晉涵　向榮孫經魁

陳麟書

桑經邦　順天榜

戴求仁　順天榜大興籍

邵昌運　貢　恩

羅文星　歲貢

王立剛　歲貢

張羲年　拔貢

勞琛　副貢

邵承徐　副貢

諸以敦　副貢仁和籍

三十一年丙戌			邵稼昌順天榜	黃道歲貢
三十三年戊子			周拱本名洪 謝桂 邵奎璧宏堂孫順天榜歷城籍 史積容順天榜宛平籍	蘇宇濟歲貢 胡飛青副貢
三十四年己丑		戴求仁陳初哲榜有傳		
三十五年庚寅			邵世楠任福建大	陳範歲貢泰順

恩科

三十六年辛卯是年會試恩科

三十七年壬辰

三十八年癸巳

三十九年甲午

邵晉涵有傳

邵晉涵黄軒榜

史積容任禮部主事終廣西布政使

田縣知縣乾隆志世作四據科名錄正

鄭鋐

茅世蘭

陳燮

諸以謙仁和籍

翁元圻解元

訓導

諸嵩年順天榜大興籍副貢

沈新本姓黄恩貢

吳洽歲貢

徐坡府學歲貢

四十年乙未		諸以謙 吳錫齡榜 河南布政使	陳煦	何世德 歲貢
			羅晟	謝楫 歲貢
			金錦文 順天榜 大興籍	徐照 副貢 一作本科順天榜舉人
			呂繩祖 順天榜	孫世濂 恩貢
				黃于周 歲貢 乾隆府志丙申作
四十一年丙申				陳占坡 府學歲貢
四十二年丁酉			張羲年	黃徵肅 丙午副貢 有傳
			蔣業謙 順天榜	

四十三年戊戌	四十四年己亥恩科	四十五年庚子是年會試恩
張羲年有傳		
邵自昌戴衢亨榜傳臚	邵自悅大業子	周拱汪如洋榜乾隆府志含山知縣

邵嗣驤順天榜

諸以萊仁和籍上

虞教諭

胡壆乾隆府志秀水訓導

邵瑛經魁

徐以垣優貢

胡朝宗歲貢

史鎔義史譜順天副貢改名欽義任大甯彭山知縣

史仲節恩貢

余藩恩貢

科

四十六年辛丑

以上本乾隆志

翁元圻錢棨榜有傳

孫磐歲貢

四十七年壬寅

四十八年癸卯

葉潤經魁湖州訓導

徐凝世遂安訓導

陳錦乾隆府志解元仁和籍

徐坤歲貢

四十九年甲辰	五十年乙巳	五十一年丙午	五十三年戊申
邵瑛 茹棻榜榜眼有傳 陳煦			
邵延增 順天榜 邵自本 順天榜		徐以垣 有傳 陸達履 獻猷子鎮海教諭	朱汝穎 內閣中書 朱文治 有傳
華維新 歲貢	邵永綏 恩貢	毛瑞煮 歲貢 呂新 順天副貢 邵自和 順天副貢	黃徵肅 副貢 胡啟俊 副貢

五十四年己酉恩科

史善長
俞汝金
邵葆醇順天榜大興籍
鄭雅三
孫俞復
胡啟俊
黃徵乂
金聲宏順天榜
謝時懋順天榜
邵葆祺順天榜

毛月林副貢
謝咸德副貢
黃徵乂拔貢
諸如綬歲貢

五十五年庚戌	五十七年壬子	五十九年甲寅恩科	六十年乙卯會試恩科
邵葆醇 石韞玉榜 知縣			張志緒 王以銜榜 山西布政使
	張志緒 胡梯青 有傳 楊學琴 經魁 山陰籍 運庫大使	周喬齡 榜姓孫 順天榜	錢秦川 秦一作琴 黃大梁 鄔宗寶
孫熙功 恩貢 謝翼世 歲貢	沈元勳 歲貢	錢廷仁 恩貢 諸開濟 歲貢	

	嘉慶元年丙辰	三年戊午
	張廷枚有傳	
	邵葆祺趙文楷榜	
徐大銑 鄭學湖有傳 邵自彭順天榜 邵自巽順天榜		徐佩鉞 黃岱欽賜翰林 蔣珣順天榜見孫元瑞傳
	陸清涵恩貢	黃岱歲貢 史承樞歲貢 諸嘉樂仁和籍副貢

四年己未	五年庚申恩科	六年辛酉
周喬齡 姚文田榜 禮部精膳司主事		
	徐境 有傳 周廷謹 順天榜 謹一作錦 沈煜 有傳 諸嘉樂 亞魁順天榜 邵葆槎 順天榜 邵葆鍾 庾曾子順天榜大興籍	
	陳涵 恩貢 鄔宗山 歲貢 有傳 沈槃臨 副貢 邵葆槎 順天副貢	陳宗塏 歲貢 吳大本 拔貢 邵秉華 晉涵子副貢

七年壬戌

九年甲子

邵黼雲

邵習之 璜子歷任淮水定陶沂水壽長金鄉知縣

施棠 辰瑞子順天榜大興籍

周培 順天榜

陳型 歲貢

孫熙載 歲貢

樓春坊 鄖陽志九年由副貢任鄖陽通判重修縣學碑作同知

十年乙丑

邵葆鍾 彭浚榜翰林院編修

諸嘉樂 泰興知縣

十一年丙寅	十二年丁卯	十三年戊辰恩科	十四年己巳	十五年庚午
			余源 洪瑩榜 兩廣鹽運司運同	
	呂承恩 烏程訓導	余源		楊立青
黄徵質 歲貢 勾容 沭陽縣丞 署州判	胡金燦 欽賜副貢	余企濂 歲貢 黄梅峯 恩貢 盧震 欽賜副貢		徐浩 歲貢

十七年壬申			楊立墀 邵甲名順天榜大興籍	任鵬飛歲貢 方飛欽賜副貢
十八年癸酉			胡金城國子監學正 翁元章雲子欽賜 邵與名順天榜	余濂府學拔貢 嚴偉拔貢上元縣丞陞海州知州

十九年甲戌

二十一年丙子

二十二年丁丑

二十三年戊寅恩科

施棠 吳其濬榜 杭州教授

陸開豐 順天榜

戴植義 順天榜

高一鄂 順天榜

葉煒 有專

陸清涵

葉垚蓂 鎮海教諭

胡裕

施辰瑞 歲貢

沈湑風 副貢

葉任重 歲貢

胡觀墉 府學歲貢

吳大璋 歲貢

二十四年己卯是年會試恩科

邵甲名陳沅榜廣西布政
戴本義閬中知縣
胡裕
黃徵乂附兄徵肅

諸豫宗
吳會順天榜直隸州州同
洪敘順天榜
戴本義順天榜宛平籍
史瀾山東知縣
汪均副貢
呂賓三分水教諭
嚴希祖副貢
朱森附父文治傳
朱蘭文治次子

二十五年庚辰

傳

周庚

周之錦　順天榜　來安知縣

施泰　薰弟　恩

貢

景山　府學歲貢

徐鍠　歲貢

呂喜臣　副貢

呂棻　順天副貢

一作呂杰

道光元年辛巳恩科

陳塏

吳麟書　有傳

馮鍠

王棫　任烏程訓

二年壬午是年會試恩科
三年癸未
四年甲申

諸豫宗戴蘭棻榜有傳
陳墱有傳
張福屋林召棠榜榜姓黃附祖義年傳

導武康教諭
蔣亥昌
魏景熙鄞縣教諭
一作章林
鄔承祥
謝祖銓經魁有傳
張福屋榜姓黃
楊豫臨安訓導

周垣恩貢
王昇歲貢
毛松年副貢
倪廷楠恩貢

五年乙酉			汪墉亞魁 翁學濬 方岳有傳 吴价人 毛咸一龍泉訓導 吴應寬	劉海瀛歲貢 吴應寬拔貢本名一松
六年丙戌				
八年戊子			施對 茅元益 汪鈞遂昌教諭	黄寅歲貢 蔣文烜歲貢

年		進士	舉人	貢
			鈞一作均 葉九雯 史致康順天榜	
九年己丑		朱蘭探花有傳 李振鈞榜		施康時府學歲貢
十年庚寅				孫植民歲貢
十一年辛卯恩科			邵燦 張嗣康有傳 呂价藩順天榜 蕭蔭恩順天榜	張方川順天副榜 貢一作張致增
十二年壬辰是		邵燦 吳鍾駿榜	徐文藻	黃智烜歲貢

年會試恩科鄉試補正科	
十四年甲午	十五年乙未恩科

有傳

諸潮

邵綬名 葆槎子順天榜大興籍

胡清江 有傳

潘林培 本名鴻

鄭樹森 學湖子龍泉訓導

葉燧 本名重午 附父樊傳

鮑光霱 順天榜

鄔宗福 歲貢

十六年丙申	十七年丁酉	十八年戊戌
徐文藻林鴻年榜刑部員外署江西九江道附祖翁學濬元圻傳		
	張嗣宬知縣　楊晉附父立功傳　施襄薰姪順天榜一作施貽襄順天　朱鑾順天榜	
邵汝欽恩貢　黃簡堂歲貢本名坤屋	朱瀚副貢瀚一作翰　翁學涵原名孝瀚拔貢附祖元圻傳　黃懋治拔貢	周日照歲貢

十九年己亥		何浩	
二十年庚子恩科		徐文穎	徐景洙歲貢
		潘祥庚義烏教諭	
二十二年壬寅			葉向曙歲貢
二十三年癸卯		姜聯陞	
		袁謙	
二十四年甲辰是年鄉試恩科	姜聯陞內閣中書	宋光圻順天榜	
	孫毓濰榜	景銓之有傳	施薰賜欽副
		謝侃廷	貢
		蔣仁瑞元瑞弟本名陽麟	魏上丁歲貢

年	進士		舉人	貢
二十六年丙午			吳以煦 翁會鼎 胡聯桂順天榜 馬斌本名奕傳 邵瑄 黃鴻飛奉化訓導 史致瑕順天榜 周壽祺順天榜信安知縣	勞文瀾恩貢 徐春奎歲貢
二十七年丁未		吳應寬張之萬榜銓選知縣		

二十八年戊申				
二十九年己酉			張嗣承 張謙 截取知縣 胡鳳昌 順天榜經魁 蔣元瑞 順天榜有傳 邵鴻逵 承祥子 周清藻 順天榜全州州同	胡榮棠 歲貢 吳鶴齡 拔貢
三十年庚戌		馬斌 陸增祥榜		方振綱 恩貢

咸豐元年辛亥恩科

有傳

蔣仁瑞有傳

張文翰

邵文煦戶部員外軍機處行走

洪梁

吳以照

何瑞楨順天榜工部都水司主事改名瑞章

何瑞霖順天榜

張乃滔吳江籍

徐汝量歲貢

呂遵賢府學歲貢

二年壬子

楊昌樾徽州籍

胡燦作爃一名燡

邵曰濂原名子華

維城

王世傑任海監訓導

平陽教諭

陳觀光作觀一作覲

邵滔名子葆祺順天榜大興籍

邵景名子葆樣順天榜大興籍

楊豫中貢恩

邵祝歲貢

沈文熒副貢

四年甲寅

五年乙卯

六年丙辰

八年戊午

謝錫蕃

邵琦 黼雲子順天榜

方恭壽

邵棠棻 恩貢

陸淦 歲貢

黃政懋 副貢原名裒任德安湖口知縣

姜聯邦 恩貢

諸復 歲貢

符渭 府學歲貢

嚴蔚文 歲貢

朱逌然 副貢

嚴晉奎 副貢

九年己未是年鄉試恩科	十年庚申恩科	十一年辛酉
謝錫蕃 孫家鼐榜 內閣中書	何瑞霖 鍾駿聲榜 吏部主事 郤塏 兵部主事	
朱逌然 蘭子 沈文熒		
周鏞 副貢 胡公傳 府學恩貢	勞銘之 恩貢 朱銘 歲貢 蔣崇禮 拔貢 原名汝縉	徐安愚 河南寶慶封 籍歲貢耶訓導

同治元年壬戌是年鄉試恩科	朱燦舉孝廉方正分發江蘇知縣不赴傳	朱迺然徐鄘榜有	宋光麟順天榜	葉豐基恩貢 邵日棠歲貢
三年甲子				戴龍光歲貢
四年乙丑補辛酉壬戌			張集禧福星子安徽知縣 邵友濂燦子榜名維埏湖南巡撫 謝光樞朏銓子榜名叔英鎮海教諭 朱坦然森子	

五年丙寅

六年丁卯補甲子

胡金式

王謙

翁在琴

嚴蔚文

黃奎

毛鴻飛籍嘉興

戚襄籍蕭山

朱衍緒附父蘭傳

姜立坤

符秉釗貢恩

施蓮生歲貢

馬捷先副貢石門

訓導

七年戊辰
九年庚午

邵日濂洪鈞榜有
傳
嚴蔚文有傳

方泰
楊觀治附父立功
傳
諸金聲嘉善教諭
俞驊
邵祖康原名寅生
蔣崇禮亥昌子解
元

諸耆英榜姓朱
欽賜副貢
胡武功欽賜副
貢
諸允治歲貢耆英
子
姜寶禾歲貢
黃炳原優貢

十年辛未

徐建棠
黃維瀚 炳垣子桐廬教諭
黃炳垣 有傳
劉福升
葉秉鈞 燮孫江山訓導乙未奏薦卓異
馮瑩 合浦知縣改官定海教諭
宋源 順天榜

黃祚 府學歲貢

十一年壬申				董維屏恩貢 徐潤歲貢
十二年癸酉			沈葆華臨海訓導 葉和聲有傳 胡价人 楊培之天津籍	徐辰拔貢 陳沅府學歲貢 黃維濬府學歲貢 徐汝榮歲貢
光緒元年乙亥恩科			沈鍾圻 施啟瑞有傳	

二年丙子	四年戊寅	六年庚辰
		洪勳黃思永榜
楊燠緒原名琟樂 清教諭 姚鎔 黃清渠原名福炯 徐辰有傳 朱九疇 岑應元 韓培森昌圻子 洪勳		
葉培元恩貢 鄒清震歲貢 朱壽彝副貢 何炳如副貢	史貽芬歲貢	鄒燕培恩貢

丁丑進士本科殿試戶部主事奉旨遊歷意大利等四國

徐葆麟　歲貢

八年壬午

景傳績

謝烜樞　子祖銓

何慶謇

韓昌圻　貢　恩

史朝鈔　歲貢

孫岳森　副貢

史鳳喈　副貢

葉熙春　歲貢

十年甲申

謝煒　金華教諭

楊積芳　副貢

十一年乙酉

趙鼐

徐華潤　拔貢

朱續基　優貢

十二年丙戌

韓培森 趙以炯榜 翰林院編修 江西道監察御史

楊鑑 歲貢

十四年戊子

楊積芳

張承浩 文翰子

張駉 歲貢

十五年己丑恩科

蔣玉泉

張嘉桐 吳江籍

勞晉三 欽賜副貢

張靜安 欽賜副貢

十六年庚寅

俞秉璿 恩貢

劉昻青 恩貢

十七年辛卯			楊積芬積芳弟　吳鴻飛价人孫　徐敬銘　胡宗儀　馮恩崐順天榜	胡芬堂歲貢
十八年壬辰		馮恩崐張謇榜翰林院編修		沈福清歲貢
二十年甲午			徐紹麟辰子　朱鏡涵	胡肇基歲貢
二十二年丙申				施昌燮歲貢
二十三年丁酉			謝家山	戚渠清拔貢工部

各途實職附

案仕宦非選舉出身者舊志不載乾隆志於選舉表內附載七品以上實職自國朝始

二十四年戊戌

蔣玉泉 夏同龢榜

內閣中書

何聯恩 翰林院庶吉士

楊儒鴻

谷營愚

葉炳瑞

張學淵

何聯恩 瑞章子順天榜

七品小京官

葉金蓓 歲貢

蓋前此少他途也題曰仕籍近於以間據正今改題並改表爲錄仍附選舉表後

國朝

三品

樓儼江西按察使乾隆志

四品

謝□□名佚隆安府知府　孫文光江南廬鳳道　孫必榮廣信府知府　孫必相汝寧府知府　徐正恩重慶府知府有傳　朱之光重慶府知府　錢□□名佚陝西糧道

楊紹裘終臺灣府知府　史湛終延榆綏兵備道以上乾隆志　黃澍西甯府知府

康熙朝朱浩廣信府知府　史棻梧州府知府以上乾隆朝　史夢蛟積崧子冀甯道有傳嘉慶朝

五品

張禹錫定州知州徐良模松江府同知華　度亳州知州邵汝賢泰州知州邵
仲禮廣安州知州徐世霖晉州知州湯其昌泰州知州翁年倫荊州府同知俞
國泰泰安州知州宋茂俊刑部郎中陳　誥隴州知州龔立言□□府同知葉
璐留壩廳同知朱　雲瑞州府同知史玉節威州知州以上乾隆志張　炳
滄州知州順治朝袁繼善桂陽州知州有傳黃嘉楫霍州知州黃　澄烏鎮同知黃
培西安府同知史承龍鎮沅府同知以上康熙朝徐以增岷州知州徐爾校
泰昌州知州以上乾隆朝史致信夢蛟子成都水利同知張嗣居劍州知州邵步瀛
海州鹽運分司以上嘉慶朝張錫純永春州知州道光朝胡則安耀州知州胡馨桂
耀州知州以上咸豐朝謝國恩高郵州知州何葆恩瑞霖子刑部員外郎山西知府張
玠泰州直隸州知州

六品

陳日輝□□府通判　俞望隆光祿寺署正　史大倫遵義府通判　史知義池州府通判　史秩宗監軍道僉事以上乾隆志　夏兆澐沂州府通判　史節奇刑部主事

朱沅嘉松鹽運司運判　徐希曾上思州州同以上乾隆朝　洪維鍾安慶府通判

毛占樞祁州州同　楊立誠衍聖公賚奏廳以上嘉慶朝　夏以烜光祿寺署正道光朝

周炳章饒州府水利通判咸豐朝　翁慶龍戶部主事　徐樹觀戶部主事　陳煜坤刑部主事

七品

鄔佩珩蒸城縣知縣　葉星期□□縣知縣　倪大成桐城縣知縣　項迪臨川縣知縣　陳延縉上猶縣知縣　翁曰賓永福縣知縣　周翔千□□縣知縣　王謀文介休縣知縣　史起貞扶風縣知縣　史在篇章邱縣知縣　嚴作明雲陽縣知縣

聞人洵大同縣知縣　史完節石埭縣知縣以上乾隆志　史宗艮甯國府教授府志

翁年偉年倫弟武定州州判嚴嘉猷玹從兄龍嚴州州判邵大成德容曾孫和平縣知縣
以上順治朝
黃在忠廣寧縣知縣黃澤莆田縣知縣潘法仁長壽縣知縣趙有德屏山縣知縣邵時英瀘溪縣知縣史國順金山衛經歷鄭韶甯陽縣知縣周燮衡陽縣知縣鄔佩玖平樂縣知縣
以上康熙朝
徐文耀濟寧州州判俞鳳翼新寧縣知縣
以上雍正朝
史積崧揭陽縣知縣呂芬諸城縣知縣鄭重霸州州判馬星涿州州判陸熙漳平縣知縣黃鎮廣豐縣知縣戴本義閬中縣知縣許丞福安縣知縣陳維世建水縣知縣
以上乾隆朝
陳文顯桃源縣知縣楊業潤連州州判周文鼇泰州州判邵用之瑛子南平縣知縣倪紹岳嘉興府教授邵元炘房山縣知縣邵鴻年陽朔縣知縣
以上嘉慶朝
馮光年丹陽縣知縣周世駿詔安縣知縣徐鏞楚州府教授謝祖馨海州州判
以上道光朝
翁在璣中書科中書翁在玥靈山縣知縣邵壽宸襄城縣知縣黃承

乙臺灣縣知縣現江蘇候補道　魏祖德武強縣知縣

封廕附

封贈

元　岑堅以子良卿贈會稽縣尹　史應炎以子溥贈蕭山縣尹　俞光澤以子承慶贈翰林院待制

明　潘純熙以子翬贈靈臺郎　錢壽甫以本生子茂彰贈副使　錢壽華以子茂彰贈副使　岑簡卿以子宗鶚贈翰林院典籍　翁彥英以子希頤封監察御史　岑宗藩以子襲祖贈邵陽知縣　翁彥良以子德賢封行人司正　錢友仁以孫古訓贈參政　錢泰恭以子古訓贈參政　潘惟善以子義贈刑部主事　陳訓二以子叔剛贈吏部郎中　邵伯亨以子公陽封知府　柴廣茂以子蘭贈吏部員外郎　孫銳以子泓封江西道御史　邵公昇以子懷義贈潘府左長史　邵叔芳以子宏譽封廣西道御史　邵仲詹以子偉贈潮州同知　許

孟禎以子南傑贈曲靖知縣
楊源以孫寧贈刑部侍郎
楊昇以子寧贈刑部侍郎
許孟初以子南木贈含山訓導
潘堯以子楷贈御史
嚴瓊以子迪贈江浦知縣
戚熙以子瀾贈翰林院編修
潘伯儀以子英贈御史
聞人原以子禖贈南京山東道御史
陳勝山以子詠贈南京山西道御史
潘濰熙以子轅贈國子監助教
陳禮序以子謨贈禮部主事
楊舜民以子文琳贈雲南道御史
邵叔敏以子昕贈休寧知縣
陳玉成以子雲贈吏部郎中
魏瑤以子瀚封湖廣道御史
朱遷以子穀贈雲南道監察御史
毛璵以子吉贈刑部主事
陳承善以孫渤贈布政使
陳鵬以子渤贈布政使
諸浩以子正封刑部主事
徐淮以子瓚贈南京兵部員外
翁泳以子遂封大理寺右評事
翁端觀以子信封右參政
許南英以子謹贈中牟知縣
邵偉以子有良贈潯州知府
尹芳字仲昇以孫琳贈都察院右都御史乾隆志以字作名
史才以子琳贈都察院右都御史
翁賜以子迪封刑部郎中以孫健之加贈貴州布政使
陳伯賢以孫倫贈工部員外郎
陳端以子

倫贈工部員外郎

姜永善以子英封南京吏部郎中

黃永昊以子韶贈南京大理寺左評事

楊宜振以子榮贈工部主事

謝原廣以曾孫遷贈少傅兼太子太傅禮部尚書武英殿大學士

謝瑩有傳以孫遷贈少傅兼太子太傅禮部尚書武英殿大學士

謝恩以子遷贈少傅兼太子太傅禮部尚書武英殿大學士

韓熙以子明贈四州道御史

黃瓊以子肅贈工部郎中

聞人詵以子琿贈南京工部郎中

陳雷以子筐贈府同知又以孫燠加贈左參政

王與準以曾孫華贈禮部右侍郎

王世傑以孫華贈禮部右侍郎又以曾孫守仁加贈新建伯

王倫以子華贈禮部右侍郎又以孫守仁加贈新建伯

黃廉以子珣封左春坊右諭德

毛傑以子憲贈刑部主事

徐端以子諫贈大理寺右評事

黃仕仁以子琪贈工部主事

陳信以孫雍贈工部右侍郎

陳頤以子雍贈工部右侍郎

吳用勤以子敘贈南京刑部員外郎

邵驌以子蕃封山西道御史

潘輅以子絡贈刑部主事

蔡斌以子欽封南京工部員外郎

毛謹以子實封知州

華麟以子連封河南道御史

張廷玉以子時澤封兵部主事加贈潮州知

府張鏞以子泰贈太醫院判
邵驎以子蕢封通州知州
徐克誼以子守誠封刑部主事
史伯實以子忭贈龍溪教諭
孫溥以孫燧死節贈禮部尚書
孫新以子燧死節贈禮部尚書又以孫陞侍郎考滿進階資政大夫
邵有信以子坤贈新淦知縣
韓衡以子廉封廣東道御史
王華以子守仁進封新建伯
孫鈇以子清封翰林院編修
徐雲以子天澤贈南京工部主事
宋廷芳以孫冕贈都察院右副都御史
宋璿以子冕贈都察院右副都御史
姜逵以子榮封五河知縣
謝選以子丕贈吏部左侍郎兼翰林院學士
倪元質以子宗正贈禮部主事
胡暉以子東皋贈都察院僉都御史
胡宗傑以孫鐸贈順天府尹
胡悅以子鐸贈順天府尹
邵英以子時震贈泰安州判
汪瑚以子克章贈刑部主事
黃翊以子嘉愛贈潁州知州
張偉以子璿贈刑部主事
嚴傑以孫時泰贈廣東參政
嚴毅以子時泰贈廣東參政
朱璿以子同芳封蕭縣知縣
陳珏以子輔贈知縣
陳昂以孫克宅贈都察院右副都御史
陳理以子克宅贈都察院右副都御史
邵

文達以子德容封刑部主事又子德久贈工部員外郎　龔　璋以孫輝贈工部左侍郎　龔
森以子輝贈工部左侍郎　毛　憲以子文炳進階中憲大夫　張　貴以子懷贈參議　陳廷
敬以子煥贈參政　毛　純以子紹元贈副使　顧　駿以孫遂贈都察院右副都御史　顧
蘭以子遂贈都察院右副都御史　楊　鑑以子撫贈工部主事　史　簡以子鵷贈通判　張
璿以子逵封刑科右給事中　邵　震以子熞封刑部主事　邵　蒙以子煉贈南贛兵備道　徐
謨以子子貞封兵部主事　魏　璣以孫有本贈南京大理寺卿　魏　鎧以子有本贈南
京大理寺卿　孫　恩以子翥贈禮科左給事中　楊　策以子大章封刑部主事　聞人範
以子銓贈山西道御史　管　琳以子見贈吏科給事中　王守禮以子正思贈刑部郎中　孫
鑰以子應奎封知縣　周　璧以子如底封工部員外郎　徐　寅以子存義封工部員外郎
葉　瑨以子洪贈兵科給事中　吳　徵以子至封刑部員外郎　邵　穆以子元吉封工
部主事加贈鳳陽知府　陳　炫以子愷贈南京吏科給事中　韓　棟以子岳贈雲南道御史

呂公瓊以曾孫本贈少保兼太子太傅禮部尚書武英殿大學士呂公珍以本生曾孫本特恩贈少保兼太子太傅禮部尚書武英殿大學士呂懋以孫本贈少保兼太子太傅禮部尚書武英殿大學士呂改以子本贈少保兼太子太傅禮部尚書武英殿大學士孫燧以子陞吏部右侍郎考滿進階資政大夫邵薰以子時敏贈錦衣衛經歷錢紳以子應揚封河南道御史盧斗南以子璘贈知府邵德久以子陞進封都察院右僉都御史黃仕以子齊賢贈知縣鄭文榮以子寅贈廣西道御史邵煉以子基進階中憲大夫翁銓以孫大立贈南京兵部尚書翁祚以子大立贈南京兵部尚書聞人莊以子德行封禮部主事嚴昂以子中封工部主事蔣拭以子坎封兵部主事葉景賢以子選封工部主事諸巽以子敬之封南京兵部郎中陳輔以子堯贈刑部主事宋仁以子大武贈知府金鎮以子蕃封知縣徐廣以子一鳴封南京禮部主事吳律以子必孝封工部主事乾隆志誤作必教谷明以子鍾秀贈山西參議邵至以子稷晉贈山東道御史毛邦器以子子翼封知

縣趙昺以孫錦贈太子少保都察院左都御史趙埴以子錦贈太子少保都察院左都御史邵時順以子漳封南京刑部主事孫燫以子坊贈南京刑部郎中張珊以子達贈大理寺左評事胡青以子正蒙封翰林院編修楊大綱以子世芳贈刑部主事又以子世華贈南京刑部郎中韓漢以子弼贈兵部主事周璟以子如斗贈都察院右僉都御史翁鵷以子時器封知縣黃漸以孫尚質贈景州知州黃舜卿以子尚質贈景州知州諸永貞以子暲贈工部主事張嵩以子孔修贈南京刑部主事邵德聰以子甄贈固始知縣孫陞以子鋋進階資政大夫姜應期以子子羔贈按察副使陸鐩以子一鵬贈知府徐建以子紹卿封兵部主事孫友文以子大霖贈刑部郎中潘鏐以子秉倫贈通判邵爟以子堪贈石埭知縣又以子掄贈慶陽府通判陳漣以子成甫贈刑部員外郎邵丕以子畯贈刑部員外郎史重光以子嗣元贈湖廣按察司副使陳孟愷以子三省贈府同知夏橋以子道南封刑部郎中張恆以子岳封左參政任正以子春元

贈江西道御史　諸仕以子察封僉事　葉選以子逢春進階奉政大夫　蔣坎以子勸能進階中憲大夫　史鳳以子伯敏贈應天府經歷　史暉以子銓贈經歷　史盱以子鉞贈兵馬司指揮　錢秉直以子應斗封知縣　沈堯孚以孫應文贈南京大理寺卿　沈譜以子應文贈南京大理寺卿　鄒彥以孫學桂贈左布政使　鄒名以子學桂贈左布政使　鄒鵠以孫墀贈左參政　鄒大紀以子墀贈左參政　孫應奎以子汝賓進階通議大夫　史桂以子鈳贈翰林院編修乾隆志桂誤作柱　陸一龍以子夢熊贈南京工部主事　俞天祥以子嘉言贈南京吏部主事　黄元齡以子兆龍贈刑部主事　胡華以子時化封江西道御史　管奎以子稷贈兵部郎中　葉鳴以子遷封工科給事中　孫守成以子健贈工部郎中　周如京以子思文贈瑞金知縣　邵喬松以子穎達贈全州知州加贈盧州同知　毛懋仁以子秉光贈知縣　謝應第以子大圭贈工部主事　韓聰以本生子子祁貤封推官　邵淄以子夢弼贈高郵知州　朱苕以子宇道贈從化知縣　史銓以子記勳贈彰德知

府　陸文華以子鎮默贈知州　聞人詩以子金和贈知府　楊召以子宏科贈江西道

御史　胡繼章以子性仁贈光祿寺少卿　孫祖孝以子繼有贈知縣　張峙以子釜贈南京

國子監學錄　孫堂以子鉉贈工部員外郎　楊集以子維嶽贈刑部主事　陳秉

以子贇生贈知縣　邵甄以子伯棠晉贈靖州知州　朱宇道以子錦封揚州知州　陳三省

以子治本封南京禮部郎中　沈問以子裕贈廣東道御史　孫鏊以子如游贈翰林院檢討

邵喬林以子炳文贈潛山知縣乾隆志林誤作松　戴晟以子王言封刑部主事　潘諫

以子陽春封工部主事晉贈廣東參政　蔣勸誠以子一驄贈太常寺卿　童鎡以子學賢贈知

縣　黃大綬以孫尊素死難贈太僕卿　黃曰中以子尊素死難贈太僕卿有傳　蔣勸能以孫

茂淅贈左參政　蔣一豹以子茂淅贈左參政　施良心以孫邦曜贈通政使　施時學以子邦曜

贈通政使　邵垙以子維銓贈廣寧監監正　許暘以子志陞贈徽州同知　許志陞以子

鏘贈通判　邵仰以子元凱封黃陂知縣　張治功以子之棟贈桂陽知州　邵一德以子

應龍封泉州府推官邵元愷以子秉節封太常寺少卿

國朝

張治隆以子楷贈荆門知州鄔恩武以子景從封行人翁月節以子年奕贈任邱知縣附兄月乾傳戴廷璽以子錫贈知府岑克忠以孫嵋贈鉅野知縣岑琦以子嵋贈鉅野知縣史洪芳以子起賢贈糧儲道邵洪節以子大成贈和平知縣邵汝賢以子仲禮贈廣安州知州翁月禎以子年倫贈荆州同知翁月祚以本生子年倫贈荆州同知邵泰清以子吳遠贈詹事府少詹邵曇錫以子宏堂贈儀隴知縣嚴夢鼇以子振以贈餘杭教諭邵秉徵以子宏魁贈昌邑知縣又以孫大業贈開封知府姜廷棟以子承燿贈檢討諸國楨以子起新贈翰林院檢討邵炳以子向榮贈鎮海教諭嚴三接以子垓贈桐廬教諭朱森億以子予一贈興寧知縣沈定國以子莫尚贈嘉興教諭潘一鋐以子法仁贈長壽知縣張邦祚以子禹錫贈定州知州朱坦以子雲贈湖口知縣朱象基以本生子雲贈湖口知縣朱文煥以孫之光贈重慶知府朱儀以子之光贈重慶知府翁

瀛以子運標贈知縣　陸睿曾以子獻猷贈宣平教諭　胡大任以孫師亮贈司經局正字　胡
世則以子師亮贈司經局正字　史在雝以孫錦馳贈成都知縣　史榮節以子承龍贈府經歷
又以子錦贈成都知縣　邵寧遠以子自勵贈都勻知縣　邵琮以子大業贈開封知府　岑
作舟以孫峩贈含山知縣　岑咸雍以子峩贈含山知縣　徐錦徵以孫世霦贈知州　徐景
瀚以子世霦贈知州　嚴立賢以子作明贈雲陽知縣　施選以孫毓輝贈知縣　施希
尹以子毓輝贈上思知州　黃景旦以嗣子岱贈翰林院檢討　胡其位以孫則安贈休寧知縣
胡又夔以子則安贈休寧知縣　羅德如以孫奇贈知縣　羅世民以子奇贈知縣　呂口
口名佚以孫岳贈州判　呂口口名佚以子岳贈州判　胡維忠以孫邦翰贈金門通判　胡宏
志以子邦翰贈金門通判　黃有忠以孫嶽贈慈利知縣又以孫岱贈翰林院檢討　黃景晨以子
嶽贈慈利知縣又以子岱贈翰林院檢討　黃千頃以孫璋贈沐陽知縣　黃武萬以子璋贈沐陽知縣
又以孫徵又贈從化知縣　陳秉垂以孫德輝贈知縣　陳如煌以子德輝贈知縣　邵景霄

以子是枏贈教諭邵大文以子自華贈任邱教諭諸先庚以子重光封翰林院編修邵之旭以孫庚曾贈御史邵自鎮以子庚曾贈御史黃璋以子徵乂贈從化知縣邵向榮以孫晉涵贈翰林院編修邵佳銃以子晉涵贈侍講學士張文炳以孫義年贈國子監助教張見龍以子義年贈國子監助教翁世皐以曾孫元圻贈湖南布政使翁運枚以孫元圻贈湖南布政使翁會燦以子元圻贈湖南布政使邵思慈以孫煐贈內閣中書邵陞陛以子瑛贈內閣中書張賢惠以孫志緒贈臺灣兵備道張業以子志緒贈臺灣兵備道徐君卿以子正恩贈重慶知府楊允燧以孫紹裘贈知州楊輝祖以子紹裘封壽州知府王業朋以孫謀文贈介休知縣王貽清以子謀文贈介休知縣葉祖山以孫璐贈陝西布政使經歷葉國禧以子璐贈陝西布政使經歷史其義以子積崧贈番禺巡檢以孫夢蛟加贈涿州知府葉椿以子煒贈樂清教諭葉方青以孫垚蕢贈鎮海教諭葉丙以子垚蕢贈鎮海教諭施辰瑞以子棠贈杭州教授史積崧以子夢蛟贈汾州同知徐宗榮以孫希曾

贈忠州同知　徐玫以子希曾贈忠州同知　張志綬以子嗣居贈劍州知州　諸肇瑛以孫豫宗贈西寧知縣　諸如綬以子豫宗贈西寧知縣　張羲年以孫福屋贈兵部主事　張應濤以子福屋贈兵部主事　翁忠錫以子學濬贈戶部主事　朱玉堂以曾孫蘭贈詹事府少詹　朱金鐸以孫蘭贈內閣學士兼禮部侍郎　朱文治以子蘭贈內閣學士兼禮部侍郎　邵錫爵以曾孫燦贈吏部左侍郎　邵錫麟以本生曾孫燦貤贈吏部左侍郎　邵澄心以孫燦贈吏部左侍郎　邵作霖以子燦贈吏部左侍郎　徐之垣以孫文藻贈刑部主事　徐銓以子文藻贈刑部主事　潘兆龍以子祥庚贈義烏教諭　姜永昌以孫聯福贈內閣中書　姜懋運以子聯福贈內閣中書　邵徵以孫文煦贈刑部主事　邵南霖以子文煦贈刑部主事　黃作屛以孫政懋贈湖口知縣　黃赤模以子政懋贈湖口知縣　邵文烈以孫琦贈兵部主事　邵黼雲以子琦贈兵部主事　謝守垣以子錫藩贈內閣中書　沈志堅以子文棨贈知州　邵麟祥以孫塏贈兵部主事　邵克勳以子塏贈兵部主事　徐文洹以子樹觀贈戶

部主事。邵元熙以嗣子友濂贈湖南巡撫。嚴世球以孫蔚文贈嚴州教授。嚴　泳以子蔚文贈嚴州教授。黃　璧以孫炳垕贈內閣中書。黃徵謀以子炳垕贈內閣中書。謝　瑾齋以曾孫國恩贈高郵知州。謝美韶以孫國恩贈高郵知州。謝醞耀以子國恩贈高郵知州。施　炎以孫繼常貤贈湖州訓導。施　鑑以子繼常贈湖州訓導。韓聘堂以孫培森贈江西道監察御史。韓昌圻以子培森封江西道監察御史。葉其逵以子秉鈞封國子監學正江山學訓導。陳　淦以子煜坤封刑部主事。洪文漢以孫勳贈戶部主事。洪　梁以繼子勳贈戶部主事。洪　棟以子勳贈戶部主事。馮若蓮以孫恩岷贈翰林院編修。馮居仁以子恩岷贈翰林院編修。何興邦以孫聯恩贈翰林院庶吉士。何瑞章以子聯恩贈翰林院庶吉士。蔣春秀以孫玉泉贈內閣中書。蔣　鑣以子玉泉封內閣中書。戚信南以孫渠清贈工部七品小京官。戚人範以子渠清封工部七品小京官。

官蔭

元

岑文郁 以父艮卿廕受進義尉改太和縣主簿

明

潘純熙 以父賜襲本學訓述

潘輦 以叔緝熙襲職靈臺郎

史伯敏 以祖琳廕歷官應天府經歷太倉州同知乾隆志敏誤作敬

史鶴 以父琳廕錦衣衛百戶

謝正 以父遷廕中書舍人歷官禮部員外郎

謝亘 以父遷廕中書舍人歷官大理寺右寺副

謝亘 以父遷廕歷官左副都事

謝敏行 以曾祖遷廕尚寶司司丞歷官太常寺少卿

王守儉 以父華廕官生歷官運同

王承學 以祖華廕官生

黃裳 以祖珣廕國子監生授應天府通判

陳孟愷 以祖雍廕貢生授南京詹事府主簿

陳孟熙 以祖雍廕官生歷官府同知

孫鏌 以祖燧廕官生授光祿署丞

王正億 以父守仁廕錦衣衛千戶後襲封新建伯

王承恩 以祖守仁廕錦衣衛千戶

王承勳 以祖守仁襲封新建伯

王先通 以曾祖守仁襲封新建伯有傳

王業泰 以高祖守仁襲封新建伯附父先通傳

宋惟明 以父鏡廕官生歷官前軍都督府經歷

謝用栻 以父丕修恩生授府通判

胡玠 以父鐸廕官生歷官府同知終長史加三品服俸

陳有年 以父克宅廕官生登

進士

陳啟孫以祖克宅廕官生歷官府同知

龔衍以祖輝廕府通判

魏宗皋以祖有本廕授都察院僉事

呂元以父本廕中書舍人歷官禮部主事

呂允以父本廕中書舍人

呂兗以父本廕國子生歷官知府

呂兒以父本廕中書舍人歷官禮部主事

呂引基以祖本廕中書舍人

孫鑛以父陞廕官生登進士

翁時旦麋生以父大立廕授南京中軍都督府僉事

趙湻卿以父錦廕任刑部郎中

孫如洵以父鑨廕恩生

沈之鼎以祖應文廕國子生

孫有聞以父如法廕授光祿寺典簿

王貽栻以父業浩襲錦衣衛千戶

國朝

史衡齡以祖湛廕襲縣丞

翁學濂原名孝洙以祖元圻廕八品監生官南通州吏目

張嗣鴻以父志緒三品廕官四川定遠知縣

朱朗然以父蘭廕四品廕生

邵曰濂以父燦廕三品廕生仕至太常寺卿

難廕

明

王彥達以父綱廕得官痛父死終身不仕據綱傳補

毛勳以祖吉廕錦衣衛千戶原

係世襲後勳絕孫堪以父燧死節廕錦衣衞孫鈺以祖
嗣未及續廕千戶歷官都督僉事
燧廕錦衣衞千孫如津以曾祖燧廕錦衣衞胡子化以父
戶官都督同知千戶歷官都督僉事賢賜
襲百戶見施欽以父邦曜襲史一成以父萬金陰總
父賢傳錦衣衞千戶旗見父萬金傳
國朝褚應美以父百五死謝文鎬以兄文死周鉅以父
難廕守備難廕守備
勝驤死難廕入
監康熙朝

餘姚縣志卷十九選舉表二

選舉表

武進士

明

永樂十年壬辰 沈繼眉 原闕原
十三年乙未
正德十二年丁丑 陳朋 原闕遼東總兵
嘉靖五年丙戌 孫璁 會元都督僉事
十一年壬辰 毛綰 民生歷
十四年乙未 胡賢 千戶
所鎮撫 武生授

武舉

乾隆志案明代武舉必會試中式始許出身故舊志不載今略考其三科鄉試中式者載於後

行伍

乾隆志案武職以行伍爲正途舊志不載今考其開闢者分載於後

葉奎 原闕山東都督
駱尙志 總兵

戰沒於倭

施重祿 原闕

二十年癸丑　孫鈺 堪子錦衣衛千戶歷都督同知

槐武 臨山衛舍人授本衛鎮撫

三十五年丙辰　周粟 臨山衛百戶歷江防都司

槐寅 臨山衛千戶歷四川參將

三十八年己未　毛希燧 民生授所鎮撫

史

金 京營左韜將軍

四十三年甲子	隆慶二年戊辰	萬歷元年癸酉	萬歷五年丁丑	七年己卯	八年庚辰
歷官參將乾隆府志燧作遂	汪可大丨生歷官參將 孫如津鈺子京衛武學 廕襲歷都督僉事管錦衣衛事	周書臨山衛舍人授本所鎮撫			湯大輅
潘栻三中式		周書原闕解元		徐世卿原闕解元	徐鋭三中式
管海原闕都司					

十年壬午		丁世美解元 錢如山三中式 胡時鳳闕原
十一年癸未	余　贊涿鹿衛籍歷德州守備乾隆志余作金 施以靖闕原	
十三年乙酉		楊繼禮 陳見龍原闕 陳仕龍原闕 鄒　棐原闕甲午再中式
十四年丙戌	盧元選仁和籍歷官都	

二十二年甲午
二十三年乙未

司

楊宏吉 錦衣衛籍歷官
台溫楚參將
林之紀 臨山衛籍
祝國泰 臨山衛籍
徐世卿 臨山衛籍軍生歷官守備乾隆志作東征陣亡
癸未進士

楊仲祥 冀鎮太平路總兵

戚斗揚 再中式

	汪登瑞副總兵		
二十六年戊戌	馬如電臨山衛舍人		
二十八年庚子		胡宗京原闕三中式天津衛葛沽海防千總	
二十九年辛丑	祝應封乾隆志		
三十四年丙午		徐邦達原闕解元	史萬金遊擊遼東陣亡
三十五年丁未	徐邦達乾隆志		史舜文守備
三十七年己酉		胡伯灝原闕	
三十八年庚戌	胡伯灝乾隆志都督僉事		

四十三年乙卯		胡　相原闕北直中
四十四年丙辰	胡　相乾隆志都司廣武營遊擊	
四十七年己未	朱應宸乾隆志宸作辰	
天啟元年辛酉		徐之俊參將
二年壬戌	阮應辰乾隆志　潘和春乾隆志	
五年乙丑	盧名成平粵八排猺賊　陸瓊崖總兵官　左都督同知　施逢源廣東副總兵　朱　澄護軍副將	

	朱啟明廣東參將		
崇禎元年戊辰	符震		
七年甲戌	鄭錫蕃總兵		
	聞人杰總兵		
十年丁丑	王貽杰乾隆志乾隆府志作山陰人		
十二年己卯		馮士驊	
十三年庚辰	徐聞然遵化籍		
十五年壬午		盧瑋臨海籍	
十六年癸未	盧瑋乾隆志參將	陳望樓原闕	
			史觀瀾守備

年佚	國朝
	順治五年戊子　八年辛卯　十一年甲午　十二年乙未
史起元乾隆志	邵一仁侍衛四川勦援總兵
史伯教原闕	謝秉　王鉞　邵一仁原闕　謝文乾隆通志錢塘籍　邵雲原闕北直河間城守營守備

十五年戊戌	楊燠斌有傳 趙清泰州守備 于昌祐
十六年己亥	王尙賢乾隆志 謝文會元有傳
十八年辛丑	盧大欽 于昌禮

以上本康熙志

康熙十一年壬子	
	孫旭原 邵秉楨闕
	夏訓蕭縣守備 夏尙奇黃巖守備案采訪 康熙朝有夏錫元 江南提標蕭營都

司子承恩浙江台州府提標是否即是二人改名姑附記焉

十四年乙卯		呂樽烈 乾隆通志	
二十年辛酉		張邦祚	
三十二年癸酉		蔣錫祉	張兆炳 湖廣副將
三十八年己卯		孫英略 乾隆府志 蔣浚 乾隆府志	
三十九年庚辰	蔣浚 乾隆府志浚作俊		韓挺標 總兵
五十年辛卯	戚揚 侍衛	謝環	

五十二年癸巳

五十三年甲午

年佚

雍正九年庚戌

年佚

孫琮夏狀元天津籍

楊鋐乾隆府志台州督運千總

陳大章乾隆府志列雍正二年甲辰

戚師塘解元

張珙杭州籍乾隆通志珙作拱錢塘籍

楊廷秀乾隆府志

胡九如解元

施迪象山千總原闕

乾隆三年戊午

六年辛酉

盧　鱗

張　雄會稽籍

馬仁勇

華　封

馬仁本

吳大綱

張大壽

周　鏞

周　霖

華　視錢塘籍

華　山錢塘籍

七年壬戌	馬仁勇	
	華封 侍衛雲南楚姚鎮總兵	
	華祝 福建守備	
	華山 鎮江守備	
九年甲子		張鵬
十二年丁卯		沈奕凱
		陳大烈
		王忠
十三年戊辰	張鵬 江南守備	
十五年庚午		張兆麟

十七年壬申是年會試恩科十八年癸酉
二十一年丙子二十四年己卯

張兆麟江蘇都司

龔維翰
周學謙
陳榮發大章子
鄭　淇乾隆府志列十五年
庚午
熊翰飛
吳大勇解元
陳大倫
徐　燾
王鼎新
于　鍵

夏攀龍總兵

二十五年庚辰 徐燽

李大懋

張魁

葉景松

二十七年壬午

黄自球 乾隆府志一作自求

列庚辰科

魏開元

三十年乙酉

張錫三

陳萬全 乾隆府志全作金

三十三年戊子

張景達 解元

熊楠

三十五年庚寅

張賢 温鎮中營守備

三十六年辛卯	三十八年甲午	以上本乾隆志	四十四年己亥	四十五年庚子	五十一年丙午	五十三年戊申恩科
張景運侍衛廣東都司						
魏萬雄 邵標處州鎮標右營把總乾隆府志 魯萬青青作清			葉自芳衢州[illegible]標幫千總 任彪乾隆府志 蔡佐清乾隆府志 張鎮雄乾隆府志 吳京一作吳伯京福建漳州守備			
夏沛霖攀龍子黃巖守備						

五十四年己酉		于大治（乾隆府志）	
		楊承清（乾隆府志。楊氏譜作三十六年辛卯中）	
嘉慶五年庚申恩科		葉長清	
		陸敦臨	
十二年丁卯		葉五峯	
		呂平蛟	
二十一年丙子		徐名標	
道光五年乙酉		徐鳳麟	
十四年甲午		盧鑣	
咸豐二年壬子		俞夢熊	

八年戊午	同治九年庚午	光緒二年丙子 八年壬午
呂宗望	徐殿榜 范金榜 呂艮瀚	張國彪 胡景雲

封贈附

明

孫新以曾孫鈺都督同知加贈榮祿大夫　孫燧以孫鈺都督同知加贈榮祿大夫

朱廷棟以子應辰贈明威將軍　朱慶祖以子澄贈龍虎將軍　朱孔孟以孫啟明贈昭毅將軍　朱正以子啟明贈昭毅將軍

國朝

邵金門以孫一仁官總兵贈通議大夫　夏少峯以子訓贈守備　張兆勳以子

邦祚贈武德將軍

韓之統以孫挺標官總兵贈榮祿大夫

韓起濟以子挺標官總兵贈榮祿大夫

華國璋以孫度贈知州又以曾孫封官總兵贈武功大夫

華其揚以子度贈知州又以孫度封官總兵贈武功大夫

華度以子封官總兵贈武功大夫

邵渠原名澄碧以子標贈把總

餘姚縣志卷十九選舉表終

餘姚縣志卷二十

忠義姓氏錄凡有傳者不重錄

童學閔　熊天錫　熊祐泰　熊怡義　馮學燦　馮春林　馮光才　馮阿堂　姍驥馮光年澥　洪金鳳　洪懷以上忠義錄　讒敫洪大杰刹以　蹤九翁昌年　翁小寶以上忠義錄　鍾訓彝　龔乾初　龔桂庭　龔德明

童漢章　熊謝瑞　熊元英　熊琪　馮廷富　馮梯　馮才明　闒繩馮椿齡春一　典史馮鐮　洪小龍　增生洪文漢　訥上　翁忠寶　鍾開春以上忠義錄　龔鶴秀　龔殿賚　龔遴鶴

童景珠以上兩浙忠義錄　熊元表　熊阿狗　熊衛以上忠義錄　馮廷棟　馮新龍　馮七清以上忠義錄　蠿鄰馮紳書以上旌冊　洪林高　洪文洞子大樽大默　翁元海　龔蘭懷　龔保南　龔阿黑

熊小狗　熊得勝　熊茂　馮學洪　馮周富　馮士英　馮清生　題　洪寶林　洪能　翁元興　龔薰南　龔平和　龔阿尚

龔春富
題旌冊
江維乾
施毓秀
施開範
施廷榮
施天福
施佩芳以上忠義錄
施若蘭
鹽先都司舒石泉采訪案石泉湖南乾州人官餘姚守備帶領新勇禦粵賊陣亡於鎮海縣小江
余基榮
徐林昌
徐餘慶
職員徐雲駿
徐元珠
徐在八
徐存廉
徐本生
徐元友
徐　高
徐觀海
徐廷英

龔寳以上忠義錄
龔景雲采訪
江維高以上忠義錄
施美泉
施　構
施德盛
施阿寳
巡檢施舜臣
施安治
余廷蘭
徐金城
徐文蘭
徐酉獻
徐端全
徐　生
徐文正
徐松高
徐元康
徐雲龍
徐述康
徐鳴玉

龔阿四
施春茂
施貽東
施廷貴
施可定
監生施　耀以上題旌冊
施　明以上采訪
余毛頭以上忠義錄
徐春林子鼎慶
徐寳全
徐阿添
徐守扉
徐　周
徐立本
徐復榮
徐成秀
徐松盛
徐元達
徐本行

龔阿春以
施兆蓮
施渭春
施小昂
施啟鳳
徐仁元
徐士晉
徐重倫
徐守本
徐和盛
徐松雲
徐本治
徐復淮
徐廷艮
徐德厚
徐卓人

徐正桂
徐芳梅
徐芳湧一作泳
徐明輝
徐觀濤
徐宏惠
徐訓章
徐和聲
徐春瑞
徐鼎年
徐高開
徐憲章
徐高陞
徐憲墀
徐永賢
徐遐齡
徐士高
徐起廷
徐鏡如
徐阿傳
徐觀三以上忠義錄
從九品銜徐殿俊

徐承基
徐承業
徐張盛
徐存義
徐端玉
徐開茂
徐鳳飛
徐正慶
徐虞廷
徐立遠
徐立長
徐立祥
徐來泰
徐文興
徐存賢
徐人鼇
徐學泮
徐志雲
徐承瀚
徐景和
從九徐喬松
監生徐朝宗

徐樹節
徐日升
徐開盛
徐存心
徐運康
徐元鏸
徐存標
徐南輝
徐咸熙
徐立章
徐祖彭
徐熊飛
徐文定
徐憲餘
徐羽源
徐敏謙
徐維桓
徐懷球
徐寶生
徐　來
候選從九徐青登
廩生監知事贈徐鍾燕

徐端人
徐春榮
徐　福
徐小狗
徐元治
徐元鎬
徐洪太
徐廷芳
徐東昇
徐春旺
徐文鑑
徐昌齡
徐文忠
徐起堂
徐羽能
徐堯書
徐啟屋
徐孝思
徐毛頭
徐青文
貢生徐乃賡

郡庠徐士英
徐文元
徐浩然
徐咸春
徐安廷
徐德三
諸天治
諸維桓
諸夏苟
諸美英以上題旌
茹家賢
于三友忠義錄
朱堂基
朱希端
朱星坊
朱鳳照
朱景浩
朱春林
朱學儉
朱福春
朱忠善以上忠義錄
從九品朱寶成

徐元英
徐寶琛
徐士芸
徐重華
徐雲襄假按疑孫
徐振茂
諸漢雲
諸□華
諸金鳳以上忠義錄
諸金秀
茹通元以上忠義錄
朱士耀
朱開富
朱星艮
朱宇柏
朱士成
朱善昌
朱文模
朱榮春
巡檢知事贈鹽衙朱楷
監生朱梅生

徐士莪
徐秉元
徐樹珍以上題旌
徐丙震
一
貽徐恒清
諸君宰
諸德輝
監生頊諸復亓
諸友安
朱九儀
朱星堂鄉飲賓鄉飲賓
朱森然
朱茂秀
朱萬英
朱松盛
朱世高
朱安國
監生朱星照

徐殿標
徐□增
徐有傳
徐□紀
徐世標
徐泰清詠
諸文魁
諸□葆
龥齡
堯朱坤剛德子
朱成勳
朱□鉉
朱維范
朱□元
朱榮芳
朱阿五
朱元奇
監生朱鴻漸

朱忠喜
朱阿盌
朱金魁
朱廣輝
符登高
符子鳳
鏓義
符星樞以上題旌册
胡起龍一作啟龍
胡錫九
胡師灝
胡夢齡
胡景春
胡懷瑜
胡東洋
胡春陽
胡兆春
胡永瑞
胡裕春
胡懷泉
胡增耀
胡綬標

朱仁山
朱朱嘉懋
朱嵩年
朱廣陞
符旦成
符大有
符午亭
胡日友一作日旋
胡英楨
胡胡鏡涵
胡倫茂
胡金富
胡占魚
胡保民
胡啟運
胡兆傑
胡春雲
胡泉平
胡綬正
胡學深
胡成業

朱昆山
朱企濂以上題旌册
從九朱銑
朱清年以上采訪
符阿彌
符善性一作善惟
符大動
胡慶祖
胡墇元
胡銘寶
胡萬貴
胡榮貴
胡春標
胡福秀
胡志光
胡兆廷
胡旭耀
胡廷顯
胡綬心
胡陽春
胡世壽

監生朱聽泉
朱濬康
朱永春
朱金秀
符寶和
符大奎以上
廩生符醖儒
胡阿燦
胡春榮
胡鳴鶴
胡春豐
胡兆康
胡懷桂
胡世傳
胡華林
胡元敬
胡福申
胡正心
胡華元
胡泉溥
胡世壽

胡兆民
胡學春
胡小漢
胡立忠
胡金生
胡家源
胡阿升
胡阿能
胡阿二
胡天佑
胡光照
胡福貴
胡保龍
胡保仁
胡世勇
胡瑞祖
胡啟元
胡啟芝
胡炳輝
胡盤銘
胡聯珠
胡洪秀

胡連珠
胡意珍
胡小渙
胡奇法
胡應中
胡家祥
胡阿蓮
胡阿志
胡十六
胡小毛
胡南和
胡阿源
胡兆麟
胡保春
胡沙獮
胡臣祖
胡啟源
胡啟聰
胡南珠
胡長賢
胡兆英
胡開懷

胡其霖
胡裕聰
胡華麟
胡阿牧
胡阿堂
胡懷雲
胡　連
胡阿懷
胡瑞雲
胡德裕
胡星照
胡福茂
胡兆逢
胡保範
胡坤祖
胡正瑞
胡張保
胡啟活
胡毓菴
胡長增
胡懷全
胡配泰

胡懷蓮
胡裕恒
胡華春
胡阿義
胡茂江
胡金來
胡仁泰
胡阿槐
胡敬三
胡東海
胡王林
胡裕生
胡兆單
胡世元
胡啟基
胡保和
胡惠春
胡錦江
胡綏之
胡允寶
胡泉本
胡瑞芝

胡德生　胡阿桂　胡宗海　胡名畲　胡名正　胡維生　胡江淩　胡清盛　胡明秀　胡志朝　胡大爲　胡安凝　胡鳳貴　胡邦成　胡守彝　胡洪才　胡貴福　胡日增　胡繼有　胡元通　胡沙乜　蹤九胡德芬

胡王正　胡阿元　胡高科　胡房裕　胡欽臣　胡桂林　胡元盛　胡春蘭　胡澄林　胡棻高　胡金星　胡玉珩　胡咸全　胡元治　胡彬成　胡洪祥　胡貴茂　胡仰朱　胡玉盛　胡丁乾（以上忠義錄）　胡晉呂　胡越峰

胡基林　胡章寶　胡同初　胡林珠　胡孝裕　胡載衡　胡明榮　胡克常　胡青傳　胡延彩　胡錦標　胡鳳珠　胡寅富　胡蓮塘　胡志剛　胡春華　胡一貫　胡觀興　胡阿位　胡阿奎　蹤九胡汝淮　胡越巖

胡阿梅　胡阿里　胡清蓮　胡炎良　胡德賢　胡舜道　胡名山　胡明富　胡世奇　胡阿寶　胡景洋　胡靖載　胡玉九　胡炳道　胡榮魁　胡貴鶴　胡守鈿　胡金邦　胡瑞英　胡阿英　胡羽清　胡文承

胡立綱
從九胡秉衡
監生胡階平
以上題旌冊
屠治義忠義錄
吳嘉和
吳廷槐
吳大豪
吳永康
吳孝全
忠義錄義
吳培
盧開園
盧士季
盧韓
盧文秉
盧占豐一作風
盧宇輝以上忠義錄
蘇廣泰忠義錄
俞福運
俞聖義
俞文明

胡青選
增生胡濤
監生胡元鳳
貢生胡清賢
屠成茂題旌冊
吳尹人
吳國佩
吳秉鈞
吳德乾
吳大江
揀選知縣吳以照
吳和舫以上題旌冊
盧開生
盧志立
盧聖
盧瑞林
盧景懷
俞恆豐
俞金相
俞南征

胡西書
胡樂書
貢生胡夢熊
胡元禮以上稱訪
屠起榮誅
吳宗文
吳秉鋐
吳振美
吳春開
吳珠
吳晉
吳美秀
盧倘英
盧小夢
盧成標
盧啟周
盧其高
俞登雲
俞松友
俞炳亮

貢生胡備三
監生胡承周
吳起蛟
吳阿狗
吳方來
吳庭彩
吳占祥以上
吳九馨
盧阿金
盧小狗
盧開成
盧啟文
盧祥標
俞正美
俞正英
俞元春

俞作鈺
忠義錄
以上題旌册
倪福秀
柴如森
槐星元一作心難
梅明官
陳貽金
陳英璜
陳錫林
陳平章
陳松茂
陳聖傳
陳源茂
陳渭書
陳書濤
陳　耀
陳祿奇
陳丹棋
陳三江
陳啟高
陳新園

俞作美
俞欽臣
俞尚義誅
倪啟高以上忠義錄
柴如喬
槐承桂
梅明運
陳長生
陳安貴
陳裕周
陳恆清
陳榮華
陳元桂
陳炳茂
陳阿鳳
陳節和
陳錫璜
陳世彩
陳　渭
陳顯鳳
陳德茂
陳志會

俞阿寶
俞旭明
倪阿福題旌册
柴明湖以上忠義錄
槐阿春以上忠義錄
梅松泉以上忠義錄
陳升階
陳貽新
陳均聽
陳金明
陳同謙
陳嗣澔
陳　文
陳鼎春
陳　燦
陳志生
陳麟沛
陳丹墀
陳攀茂
陳開貴
陳志昂

俞如玉以
監生俞彭年
倪國祥
陳貽璋
陳鳴玉
陳均燮
陳新之
陳　治
陳嗣洲
陳咸升
陳在山
陳　棻
陳春芳
陳元豪
陳仁宰
陳春鳳
陳振垣
陳學仁

餘姚縣志　卷二十

陳陞昌　陳忠懷　陳阿主　陳永高　陳徐元　陳考先　陳運　陳首章　陳麟盛　陳中達　陳性游　陳性泰　陳明福　陳思滄　陳芳庭　陳阿林　陳宏高　陳禎茂　陳福　陳開周　陳宇周　陳毛頭

陳陞芳　陳元文　陳元勳　陳文全　陳廷鳳　陳節松　陳盧盛　陳春狗　陳初高　陳復元　陳貽佩　陳鳳姿　陳阿佳　陳時成　陳秀春　陳性汶　陳心詳　陳在林　陳鳳寶　陳平雷　陳五十　陳阿春

陳高鳳　陳福堂　陳方教　陳首銓　陳周富　陳陞鴻　陳慶盛　陳堯廷　陳茂章　陳金道　陳聰秀　陳性汸　陳方貴　陳炎　陳阿福　陳高德　陳炳銓　陳振盛　陳如春　陳明德　陳大福　陳金茂

陳輝　陳良銓　陳朝雲　陳道銓　陳廷銓　陳得耀　陳元宰　陳丹殿　陳友雲　陳性洪　陳沛昌　陳耿融　陳長春　陳如江　陳阿來　陳小老　陳日新　陳阿五　陳永茂　陳阿玉　陳東　陳金章

陳嘉祿
陳在朝
陳阿七
陳阿鼇
（忠義錄）義
陳允朝
陳茂林
陳沛然
（生員）陳森爛
陳寶同誅
聞人杏芳（忠義錄）
殷有生
樊福屋
孫和凝
孫世陞
孫玉正
孫春和
孫崧茂
孫茂義
孫守和
孫　鏘
孫春榮

陳守謙
陳明瑞
陳誠鐈（一作誠離）
陳阿九
（增生）陳　校
陳阿慶
陳阿狗
（監生）陳福年
（監生）陳陞清
陳瑞富
殷有恆（以上劉錄忠）
孫元友
孫茂盛
孫作槐
孫宗親
孫汝鼎
孫魁錫
孫林鶴
孫樂茂
孫英科

陳元慶
陳阿懷（一作准）
陳允玉
陳福緣
陳　煦
陳金爐
陳義山
（候選從九）陳清泰
（監生）陳元愷（以上劉冊）
孫思賢
孫振聲
孫增雲
孫阿森
孫再良
孫玉佩
孫林瑞
孫承恩（保子小）
孫立政

陳學相
陳學良
陳榮慶
陳廷清（以上）
陳連慶
陳茂三
陳作霖
陳亦杠
題
孫思仁
孫守曾
孫汝舟
孫翼茂
孫良善
孫立貞
孫　濤
孫梧岡
孫起清

孫九槐　孫祥鳳　孫阿耜以上觀錄忠　孫式鑑
號蓉　驥布孫敬時　孫驥孫慶祥　鑑孫士鑑
蹤九孫福介　孫秋桂以上敝冊題　孫元山　孫煥英
孫阿忠以上采訪

袁保定　袁珏　袁明三　袁永章
袁永泰以上觀錄忠　袁聖教　袁齊學　袁齊邦
袁慎朝　袁聖載　袁齊晉以上采訪
韓維璋　韓光聖　韓穎鞏　韓維國
韓穎高　韓祥貞　韓珠貴　韓達才
韓達望　韓邦義　韓永漢　韓鳳春
韓左法以上觀錄忠　韓塘　韓君祥以上敝冊題　韓汝
韓懋清子維璋　韓小貓　韓阿德　韓傳廷
韓元鳳以上采訪
干阿二子總義　干阿四以上題旌

潘洮　潘津　潘漢三　潘義全
潘積全　潘錫耀　潘爲孝子舒世　潘昇道
潘有全　潘孝鶴　潘載書　潘渭榮
潘霈盛　潘曙光　潘高魁　潘春陽
潘炳揚　潘苟　潘德　潘開運
潘松林　潘學禮　潘保順以上觀錄忠　潘龍奇
潘小奇　潘寶臣　潘侯子鎬　潘春波
潘德馨　潘鎬　潘聖霖子鎬　潘雄

顏春表	顏繩武以上錄忠義		
田霞升	田　法	田元祥以上錄忠義	
錢繼有	錢志仁	錢孝勞	錢　枝
錢元生以上錄忠義	錢年周	錢阿月以上題旌冊	
宣啟潤題旌冊			
蕭開朝錄忠義			
姚云濟	姚　奇	姚阿寶	姚松春
姚永裕	姚瑞運	姚聖若以上錄忠義	
茅德賢	茅如桂以上錄忠義		
陶文成	陶大成	陶增榮	陶增貴
陶安田一作安山以上錄忠義		陶寶涵	陶麟徵
陶麟洲	陶　鋌	蹤九陶銓	
蹤九陶錡以上題旌冊			
曹名順錄忠義			
高阿尙	高新環	高小鳳	高金昌
高月桂	高正科	高可學	高爾鋌
高阿寶	高美秀	蹤九高堉	高增貴
高桂晉	高　陽	高岳雲以上錄忠義	
毛守陛	毛萬青	毛思孝	毛玉林
毛世珍	毛思剛	毛小東	毛含奇
毛懋森	毛貽芬	毛含英	毛紹勳
毛鶴寶	毛忠朝	毛文泮以上錄忠義	毛阿海

毛望蕊　毛金口　候選經歷布毛德如以上旌冊題
候選巡檢毛元禧[illegible]
勞明良　勞明高　勞履中　勞昭漢
勞中林　勞全茂　勞丙芳　勞回春
貢生勞文瀾　勞汝龍　勞汝廉　勞宇鏡
候選訓導勞廷梯　貼勞虞鳳　勞五以上錄忠義
羅信益　羅行高　羅玉貴　羅行剛
羅大倫　羅聖賓　羅渭豐　羅則英
羅元盛　羅渭成　羅泮有　羅渭盛
羅渭金　羅乾學　羅尙佩　羅裕元
羅月高　羅九如　羅南樛　存錐椿　羅乾芳
六品軍功羅江　羅正江　羅徐盛　羅金有
羅四明　羅世有　羅小湖　羅大江
羅高盛　羅永年　羅永慶　羅長命
羅尙秀　羅鳳鳴　羅金山以上錄忠義　羅鏡澄
鹽提舉銜羅釆芹　監生羅載揚以上旌冊題
柯夏蘭旌冊題
何阿二　何世忠　何德　何杏春
何成周　何張　何三　何嘉安
何春高　何楚相　何永賢　何福以
錄忠義　何錫友　何慧慶　何鳳鳴
布理問銜何九齡　議敘九品銜何子芬以上旌冊題

沙陽春忠義錄
封二品職楊晉康
楊煥章
楊志洄
楊國志
楊學才
楊龍廷
楊兆忠
楊學銘
楊嘉樓
楊聖高
楊山
楊正書
楊曾廷
楊如鼇
楊仁豐
楊興國
楊阿侚
楊東肇
楊徐甫
章品泉
賕章光勳以上劉錄

楊致慶
楊開殿
楊喬林
楊國祥
楊信茂
楊琴
楊仁球
楊松青
楊維高
楊開成
楊增貴
楊錦泰
楊章有
楊立均
楊志三以上劉錄忠
楊彩秀
楊阿永
楊東園
楊玢瑞以上旌册題
章啟明
忠

楊聖言
楊倫高
楊華英
楊芬芝
楊阿大
楊仁琪
楊阿寶
楊徐方
楊寶山
楊名富
楊源順
楊錦耀
楊阿福
楊立粱
從九楊立根
楊朝煊
楊士美
楊榮芳
章彭年
章景文

楊永昇
楊茂青
楊士林
楊偉蘭
楊庭昌
楊永琪
楊偉剛
楊樹銘
楊黃英
楊虔倫
楊聖綿
楊聲覽
楊阿秀
楊華春
楊麟瑞
楊阿芳
監楊慶
楊東雲
章六
章景魁

章春溝一作沚
張大黃
張佩皋
張岳盛一作鶴盛
張南垣
張鼎源一作鼎元
張寶順
張貴生
張春山
張文茂
張永年
張元和
張應岳
張松茂
張德允
張阿五
張象賢
張孔鑑
張孟生
張雲成
張春閣
張禮讓

張大化
張　琴
張元春
張起倣
張載興
張周貴
張祚法
張清茅
張啟昇
張積申一作積深
張　福
張來寶
張玉堂
張貞葉
張阿高
張兆友
張春友
張和尚
張應懷
張春貓
張貞有

張承來
張學海
張元興
張德賢
張元文
張宗王
張立朝
張寶元
張宗海
張阿連
張敖奎
張學貴
張天喜
張佩元
張阿林
張兆金
張東如
張阿儀
張雲來
張金盛
張元德

張兆惠
張挺然
張惟聖
張松貴
張元振
張春貴
張外孝
張文開
張清標
張丁亥
張兆南
張初朝
張雲如
張鳳來
張　法
張　鑑
張文貴
張正坤
張凌才
張春如
張長春

張廷式　張英秀　張遵仁　張阿義　張東浦　張益式　張小和尚　張朝南　張岳慶　張春和　張金孝　張祥慶　張元潮　張阿大　張應焯　張阿飛　張積得　張嘉奇　張春成　張大江　張啟豐　張名科

張祥德　張英之　張愛林　張阿冬　張忠路　張孟昇　張秀桂　張朝法　張應立　張阿德　張祥忠　張啟能　張祥義　張阿生　張義和　張福針　張雲梯　張孝如　張孟雲　張阿瑞　張宗全　張純孝

張阿孝　張阿貴　張阿正　張宗成　張家寶　張春源　張孔殿　張阿啞　張家靜　張春元　張裕舉　張己丑　張啟榮　張玉盛　張長炳　張裕正　張岳有　張德明　張孔範　張陳欽　張宗邦　張孔監

張夏狗　張景春　張阿茂　張春暘　張炳元　張鳳占　張春佩　張效元　張家林　張金來　張廷瑞　張宗周　張兆還　張茂德　張阿茂　張紹周　張學南　張玉球　張廷桂　張來狗　張春蘭　張徐監

張新開
張文英
張文炎
張林祥
張善政
張承霖
張宗潢
張江
張來生
張運瑞一作雲瑞
張涂一作千
鍶義
張三狗
張成璇
蹝九張元
劆杜題
王立紳
王春運
王家法
王孫友
王鼎立
王濟美

張雲朋
張丹鳳
張祖繩
張鶴慶
張善成
張一峰
張承來
張阿堂
張福元
張阿黃
張景和
張其高
張成南
張沅
監生張廣恩
王杏芳
王志德
王益友
王宏清
王延玉
王雲富

張成有
張垚
張金殿
張寶仁
張善教
張阿方
張琭生一作諸生
張永芳
張阿慶
張英周
增生貢張德佐
張富
張貫三
蹝九張儲馨
監生張芝傳
王滋風
王志大
王中立
王開祥
王松清
王紹曾

張徐有
張賢
張丹佩
張長沂
張善元
張文林
張維
張有福
張啟泰
張炳林
張榮清坳
張阿林
監生張杰
生員張清鑑
生員張榮豐
王滋亨
王思文
王益善
王開清
王希韓
王阿小

王東來
王彩林
王南林
王月和
王二狗
王　壎
王錫天 字申之
房梧芳
方紹堂
方　仁
方金盛
方南桂
方振新
方德清
方昌善 以上題卹冊
黃文富
黃金生
黃殿揚
黃楚泉
黃積餘
黃清泉
黃開元

王景文
王　仁
王南英
王松年
王士華
王九王 承英 以上題卹冊
王鳳春
房啟旺
方寅蘭
方春芳
方元良
方南豪
方其林
方春寶
黃茂暘
黃景潮
黃位春
黃在天
黃英餘
黃有方
黃有家

王德年
王鈞松
王三球
王岳明
王阿福 以上忠義錄
王昆琦 以上殺誅
房梧庭 以上忠義錄
方鶴燦
方　春
方列新
方宇順
方昌言
方桂林 以上忠義錄
黃修德 一作秀德
黃登三
黃阿壽
黃兆和 一作紹和
黃在標
黃有世
黃裕麟

王成化
王小毛
王世寶
王百三
王瑞庭
王立銓
王明耀
方楚才
方三寶
方明山
方高春
方小仙
方昌海
黃復軒
黃春源
黃近安
黃思有
黃在清
黃有進
黃元耀

黃鍾誠
黃選傳
黃繼友
黃兆秀
黃瑞安
黃大來
黃廷元
黃阿紹
黃學林
鏓義
黃　炎
黃三南
纔嬓黃坤
貽黃徵熊
唐君安
唐景文
鏓義
姜麟思
姜成彤
鏓義
桑阿高
梁玉林
鏓義

黃履康
黃維森
黃開球
黃誦芬
黃和讓
黃立羣
黃欽堯
黃開春
黃聖才
黃仲堅
黃　霖
黃懷艮
鑑黃志堯 傚以冊上
贓黃春臺 保以詞上
唐松蘭
唐阿富
姜開陽
姜阿大
桑泰奎 上一雖雜劉

黃安城
黃大明
黃德銳
黃振緒
黃亦濼
黃舜韶
黃百齡
黃開榮
黃志義
黃履陞
黃立坤
黃公恕 孖登
題
唐永孝
唐　書
姜高俊
姜以爋

黃廷興
黃裕德
黃鍾雷
黃　珍
黃亦潤
黃厚能
黃忠藩
黃玉來
黃福申 以
黃應林
貽黃金榜
黃全壂
黃維靖
唐開明
唐景觀 以
姜世開
姜奎光 以

康南陔 忠義錄
汪若沛
汪午亭
忠義錄
湯樹銘
成開增
邢珠 忠義錄
丁雙喜
應文法
應三和
滕七城
僧開鈞 忠義錄
劉亦安
劉文二
劉通元 以上旌册題
周裕豐
周冠士
周阿二
周孔豪
周敬修
周在慶
周元傑

汪開元
汪鼎貴
軟塥汪文虎
湯金寶 以上忠義錄
成福元 以上忠義錄
丁余增
應阿聖
應召祥
滕燮元 以上忠義錄
劉德璋
劉樹林 以上忠義錄
周彬成
周敬備
周阿土
周啟德
周日昂
周元禮
周林

汪文祥
鑯㜂汪培元
成垚
丁奎英 以上忠義錄
應鼎榮
應阿奎 以上忠義錄
劉小狗
監生劉光炳
周一揆
周翼霄
周仁
周傳福
周賢亨
周冠堯
周星增

汪文炳
汪銘 以上
丁正科 誺
應福寶
劉烈文
劉樹庭
周松年
周鳴來
周開遠
周開貴
周賢光
周賢元
周應貴

周昇
周高
周元化
周夢南
周茂英
周鳳廷
周元傳
周雷章
周仁寰
周景南
周承讓
周友松
周金聲
周雨春（一作禹春）
周兆鴻
周阿瑱
周榮
周初才
周福元
周財有（以上錄忠義）
周春祥
周家麟

周天仁
周東福
周敬棠
周賢風
周茂志
周冠常
周錦泉
周戚
周劍南
周秀武
周承烈
周桂
周禹在
周小毛
周如範
周才貴
周小龍
周阿福
周阿法
周啟賢
周阿烏
蹤九周如堂

周艮鳳
周蘭芬
周阿五
周賢佐
周明祥
周玉懷
周錦林
周洽增
周傳南
周承賢
周承典
周升官
周光清
周天德
周國元
周天惠（一作天灝）
周加淇
周阿元
周阿大
周啟剛
周清波
周錦有（一作錦炆）

周汝球
周生金
周桂林
周冠才
周明高
周仁端
周世清
周阿七
周松南
周承章
周鶴集
周德坤
周永高
周春生
周阿寶
周秀龍
周大林
周三德
周順明
周啟源
周體仁
周祖讃

周燧
周學森
邱詵
邱孝荀
邱毛頭以上忠義錄
樓效明
樓瑞書
鄒義
鄒學浩
鄒國興
鄒鶴炎
鄒南則
鄒倫全
鄒士宏
鄒金鏞
鄒沛陽
鄒士法
鄒玉盛
鄒鶴泉
裘獻文以上忠義錄
林芳培
林章印

斌
周賢俊以上題義册
鄒周敏盛
周善道
邱成山
樓成名
樓忠錫
樓榮銓諑
鄒寶楚寶一作礽
鄒松山
鄒鶴松
鄒南宇
鄒玉林
鄒鶴州
鄒開文
鄒雲輝
鄒世昌
鄒金堂
林嘉泰
林錦元以上忠義錄

周福鴻
邱小狗
樓宗裕
樓昂若
鄒國章
鄒樹德
鄒鶴庭
鄒長庚
鄒雲梯
鄒宇方
鄒雲瑞
鄒昌宇
鄒鶴珠
鄒修富
林阿小
林文忠

周景松
鄒周存禮
邱慶和
樓尚德
樓尚仁以
鄒仁鑑
鄒崇孝
鄒小貓
鄒安良
鄒明州
鄒金覃
鄒鶴成
鄒昌安
鄒昂朝
鄒豪
林寶良
林開秀

林大義（以上劉册題）
金瑞揚
金仁動
金春輝
金阿會
劉册題
岑春德（一作德緋）
岑玉懷
岑秀臣
任文粱
任文松
任昂雲
任採球（一作彩琳）
任洪元
總義
任阿升
嚴我修
嚴忠和
嚴阿生
嚴德林
詹得勝（總錄義）
蹤九孔遴元（總錄忠義）

金必榮
金錫山
金鑑文
金寶生（以上劉錄忠）
岑元淸
岑徐盛
賍岑懷恆
任文柱
任文學
任鳳來
任開運
任堯榮
任炳春
任開生
嚴夢遠
嚴六秀
嚴春榮
嚴家茂（一作嘉茂）

金有才
金善章
金　淸
金碩亭（一作寶林）
岑榮秀
岑俊民
縣丞岑盛（以上一名作）
任文陞
任阿福
任宇洲
任德法（一作德發）
任成六
任彩法
任阿紀（以上劉册題）
嚴光貴
嚴六楓
嚴世忠
嚴有敬（以上劉錄忠）

金名標
金仁初
金寶林
監金必英
岑元暉
岑阿富
錄鑑以
任景輝
任昂佩
任朝貴
任阿文
任成二（以上）
任文啟
嚴文傑
嚴治聞
嚴世成
嚴　莫（誅）

史善祥　史久淦　史悠遠　史錦華　鑯敏史善灯　譂御六史致昆　李宗耀　李雀硯　李開監　李元治　李騋　李雲青　李如（一作青 以上錄忠）　呂承源　呂桃郡　呂飛熊　呂彩琴　呂四五　鑑呂熊　許揚才　許友寶　許沛黃

史致孝　史久治　史徐林　貽史善昌　鼲韃按史悠升　叙訥　李元英　李周順　李揚監　李森　李華　李茀春　呂桂賢　呂寅初　呂三陽　呂備咸　呂熾昌　鑑呂源（一作上源）　許炳奎　許占英　許占魁

史致豐（一作志）　史文塽　史久齡　嚪御史正　（以上錄忠）　李元旺　李汝生　李芝監　李文華　李阿洪　貽李樹棠　呂遐齡　呂明德　呂聖書　呂文龕（以上錄忠）　呂應鐘　鼲源以　許方志　許阿狗　許沛然

史粲義　史致遠　史致增　史善奎　史致芬　李長豪　李元良　李元秉　李如奎　李安才　鑑李新書　呂文益　呂鶴洲　呂佩陞　呂四二　貽呂清漣　許東富　許東山　許炳辰

許承英
許金富
阿富 劉以鐵上忠
禹範 鍶忠義
鄭文祥 鍶忠義
魯廷佐
魯新成
魯大照
魯望圓
魯殿艮
杜宏亮
杜同豪
阮鳳貴
阮懷瑜
阮阿龍
鍶義
趙望霖
趙日道
趙日葵
趙出林
趙念三
趙高德 劉以鐵上忠

許秀義
許忠順
監生許忠皋
魯錫寶
魯充增
魯裕順
魯字茂
魯文林 劉以鐵上忠
杜同高
杜邦允
阮佩芳
阮懷邦
阮嘉林
阮文才 贈旌
趙愛寶
趙才明
趙廣艮
趙周麟
趙謝千
趙鳳藻

許文耀
許清泉
監許鴻元 劉以鐵上
魯東森
魯增四
魯章珠
魯宏奇
魯森榮 謝
杜才金
杜邦楨 劉以鐵上忠
阮禮惠 禮一餔
阮懷玉
阮善楓
趙金狗
趙元金 元一譜
趙月朋
趙周鳳
趙金邦
蹤九趙增

許政壁
許來發
題
魯作孝
魯阿發
魯元奇
魯國佩
杜巨艮
阮位
阮慎廉
阮祖榮 坆
趙阿倘
趙月友
趙小蘭
趙鎮鎬
趙寶琪
趙德明 元宰

鮑阿周以上忠
鮑學繼
馬如潮
馬邦佐
馬鼎炎
蔣敬孝
蔣敬峰
蔣聲衣
蔣文德
蔣敬豪
蔣金學
蔣阿小以上忠
騤穇蔣全慶瑞以
景阿全
蹤九景彩章驥旌
柳開林以上忠義
沈宏年
沈阿春
沈慶渭
沈阿六
沈安仁
沈綱一作烱

鮑學林
馬騰鼇
馬承錫
馬新才以上忠
蔣聲道
蔣敬渠
蔣聲如
蔣聲雷
蔣聲貴
蔣清標
蔣阿慶
駐題
景在德
沈福
沈運高
沈式高
沈士釗
沈錦仁
沈林小

鮑賢剛
馬嘉謀
馬寶瑜
馬順隆以上旌
蔣風順
蔣敬允
蔣阿毛
蔣敬春
蔣聲林
蔣榮春
蔣阿福
景萬清以上忠
沈寶盛
沈經邦
沈式賢
蠕沈炘
沈懷玉
沈志謀

鮑張盛
馬高品
馬春懷
蔣文治
蔣敬榮
蔣聲振
蔣敬雲
蔣金銓
蔣學照
蔣元新
沈宏生
沈文榮
沈開春
沈士鑑
沈景珠
沈宏

沈文瑞
沈如桂一作樹榆
沈維鈞以上劉鈔忠
沈阿福
盬沈灯
沈六寶紵增
沈阿增
沈耀祖
沈逢春
沈福全
沈景春
沈瑞發
沈桂發
沈漢卿以上旌址題
沈天炎
沈聖福
沈積善
沈忠維
范慶純
鍬義
宋含輝
宋阿四

沈玉林
沈占熊
從九沈履謙一開銘
沈士湖
沈承業
沈阿瑞
沈巨賢
沈如德
沈履亨
沈小明
沈慶鴻
沈占祿
沈羅偉
沈國瑞
沈天裕
沈豐
沈桂德
沈德培
范日豪
范濟賢誅
宋香林
宋百成

盬沈景維一爲紹
沈三祝
沈才運
沈君惠
沈小毛
沈茂奇
沈景川
沈坤林
沈希榮
沈德全
沈阿法
沈章林
沈福緣
沈宏先
沈鳳山
沈方瀾
沈昂潮
范日敬
宋天衢
宋運昌

沈阿春
沈于于
沈阿寶
沈梁
沈商友
沈天慶
沈開茂
沈友蘭
沈大龍
沈榮福
沈金椿
沈桂春
沈楚卿
沈天盛
沈占奇
沈斐鳳
沈秀林
范日耀圾
宋昌言
宋以棻

宋以渠
宋昌輝
宋春陽
宋大榮
宋洪文
蹤九宋鑑
費開六
費以球
魏垚廷
魏允奇
魏小寶
魏粲英
魏傳芳
魏孝殁
魏有寶
魏增貴
魏仲賓
魏廷楷
魏生來
魏端紘
魏阿元
魏南度

宋亦蛟
宋百羣
鑑宋企瀛
宋正昌
宋文衡劉鉞忠
宋德培
費宮珠
費椿榮
魏孝
魏升三
魏景雲
魏廷基
魏八銓
魏成蘭
魏春法
魏瑞興
魏大雅
魏阿義
魏仲雅
魏端淮
魏玉棠
魏立朝

宋百龍
宋阿毛
宋在瀛
宋小福
宋志霖
宋正楷劉詵
費椿年
費毛頭劉鉞忠
魏成達
魏乘龍
魏彬文
魏魯玉
魏嘉祥
魏大剛
魏應才
魏升祥
魏立明
魏學淮
魏茂孝
魏若英
魏阿四
魏大桂

宋昌餘
宋金貴
宋正高
宋成標
鑑宋喬瀛
費以斌
魏星坤
魏登魁
魏龍飛
魏嘉賢
魏元國
魏傳法
魏士有
魏書成
魏樂傳
魏學聖
魏明德
魏端生
魏仲茂
魏洪水

魏金寶
魏南林
魏金球
魏阿朝
魏大能
魏楊茂
魏坤林
魏　生
魏向鈇
魏家墱
魏懷來
魏經有
魏丁有
鍾忠義
魏辰熙
魏天佐
監生魏嘉泉
魏如槐
魏德昌
顧立閈
鍾忠義
傅兼三

魏阿炎
魏端蘇
魏阿維
魏阿慶
魏阿來
魏德八
魏阿華
魏嘉和
魏懷龍
魏家墉
魏家墀
魏德雲
生員魏廷鑑
魏志伸
布理問銜魏德先
監生魏倫堂
監生魏清泉以上據冊
魏如彬
魏如章
顧阿毛
傅烈陽

魏寶南
魏學八
魏南泉
魏阿八
魏若璋
魏禮八
魏阿魚
魏崑書一作坤書武生
魏　炎
魏懷昇
魏克有
魏理和
魏八杰
佾生魏學圻
從九品魏人傑
職員魏振鑣
魏茂錦春盛
魏如運
魏福春
顧加楷一作嘉楷
傅之枋

魏南臺
魏阿章
魏端治
魏廣泰
魏昌周
魏陽生
魏振輝
魏桂升
魏開泰
魏其忻
魏義法
魏理宗
魏茀棠以上
魏寶仁
生員魏天標
監生魏端三
魏松山
魏德禮
魏永齡以上采訪
顧　驗以上
傅善聲

傅善治　題旌冊　勵岳林　勵兆王　勵國順　忠義錄　蔡高奎　蔡爾玉以上忠義錄　蔡文溶　題旌冊　戴懷義子忠兼　戴家南以上忠義錄　卞貢生忠義錄　邵光烈　邵　林　邵寶文　邵星樹名南[illegible]　邵邦正　邵竹溪名茂[illegible]　邵文鍾　邵華明　邵文如

傅之縉子隸鈞從子體乾以上忠義錄　勵治安　勵兆德　勵翰麟　勵廷楠題旌冊　蔡雨生　蔡榮鎬　蔡德水　蔡　田　戴錦章　邵裕泰　邵日源　邵懷文　邵槐英　邵輝如　邵景雲　邵康琴　邵林才　邵廷相

勵兆清　勵兆章　勵景賢　蔡長安　蔡榮奎鹽提舉銜　蔡　瑛　戴金榜　邵天培　邵永明　邵文炡　邵玉瑞子小源　邵文炳　邵光耀　邵寅生　邵金鑣　邵揚才

監生　傅　會　勵兆君　勵志明　勵　浩以上　蔡望修　蔡榮保　蔡臣謨以上　戴寶盛　邵榮春　邵　細　邵文熙　邵邦治　邵景春　邵春雷　邵阿三　邵春銈　邵啟交

邵應康
邵文充
忠義錄
從九品邵佑基
邵建亭
生員邵伯康
貢姓侯選訓導邵棠棻
嘉議加縣邵用之
台府同知邵鴻儒以釗

謝子泉
謝錫燕
謝兆璞
謝黃放
謝才寶
謝開基
謝來桂
謝□仁
謝才能
謝明煒一作明瑋
謝大明
謝□斌以上忠義錄
議敘八品銜謝□煒

邵雙喜
邵寶來
邵文忠
邵啟友
從九品邵嵩藩
光祿寺署正邵元煦
以上題據冊
邵鳳山崢丹
上誌

謝紀盛一作順
謝允生
謝賢文
謝藹廷一作款廷
謝□安
謝守加
謝才發
謝阿長
謝高邦
謝章富
附貢謝□淦
五品軍功謝庭椿

邵文錞
邵文鈺
從九品邵文鎮
邵阿祥
生員邵元震
武生邵恩榮
邵麟朝
邵鑅字嵩煦

謝傑初
謝文富
謝正福一作福正
謝錫光
謝□奇
謝□三
謝□基
謝繼才
謝寅谷
謝開生
謝龍順
謝□春
謝雲昌

邵玉林圳
邵文鋐
邵登萊
邵振麟
邵恩傚
生員邵士謙
邵康涵

謝廷良
謝文華
謝如桂
謝肇培
謝國正
謝連萼
謝開懷
謝奇運
謝光英
謝雲秀
謝勤基
謝夏蘭
謝德裕

謝德貴（進賢縣典史）謝瑛
賊謝酯誠（以上旗冊）
謝永富
謝七
軒珈謝錦才
夏永發
夏懷
夏雲龍
夏鼇庭
華美富
華邦盛
鄭秋
鄭大倫
鄭阿明
鄭穎仁
鄭開有
（贈）（轎）鄭超倫（題）
孟書有
孟文瑞
孟大（案孟勝歎鄉城人餘姚駟門）
孟阿盛（以上訪冊）

謝長庚
監生謝錫功
題
謝嘉德
謝士棠
謝懷仁
夏濟界
夏鳳岳
夏四狗（以上忠義錄）
華文英
華鶴鳴
鄭開鳳
鄭阿培
鄭嘉謨
鄭維忠
鄭阿富
旌
孟書瑞
孟文明

謝鄉芸（湘一錄附）
貽謝六皆
謝永昇
謝有
謝福成
謝九
夏斯雪
夏六
夏曾謝
華祖觀
華友（以上忠義錄）
鄭國秀
鄭阿二
鄭永康
鄭炳南
鄭寶國（以上忠義錄）
鄭長茂
孟書勳
孟阿秋
孟兆泰（以上忠義錄）

謝嗣逵
武生謝申初
謝來貴
謝小福
謝元相
謝嶅
夏論
夏澂
夏東輝
華禹忠
華小奇
鄭金升
鄭科鑑
鄭春瑞
鄭其升
鄭普
鄭海
孟書鴻
孟雙全
孟廷魁

鄧金懋一作景茂　鄧阿有勦以鉞上忠　鄧肇泰誅
壽阿九鋒忠義
廖生先鋒忠義
谷小備閞子維　谷銘　谷之沅　谷生茂
陸福林　陸椙　陸守傳　陸允豐
陸允順　陸崇華　陸榮芳　陸順昌
陸開禎　陸宏銓　陸仁勇　陸元三
陸邦元　陸榮盛　陸金友　陸金福
陸阿狗　陸錦孝　陸貴盛　陸榮珠
陸榮茂　陸錦明　陸繼盛　陸維林
陸邦金　陸長盛　陸鼎芳　陸夢魁
陸允初　陸秀　陸錦芳　陸玉英
陸國仁　陸承昌　陸瑛　陸安
陸春林　陸有泉　蹤九　陸炳如勦以鉞上忠
陸崢孫子總忠棋樵　陸玉堂　陸步青　陸守貞坤
臚旌　陸國珍誅
竺金林鋒忠義
樂恆泰　樂嗣斌勦以鉞上忠
滑社峰鋒忠義
薛德興錄忠善
葛阿開誅
郭思清　郭善義勦以鉞上忠

霍汝林
霍阿珠 以上題旌冊
莫聖治 鉞忠義
石慶志 錄忠義
戚玉盛
戚光奎
戚　德
戚志恆
戚　順
戚君正
戚維倫
戚斯全
戚阿仁
戚寶三
戚金生
戚　福
戚嘉盛
戚元香
戚　元
戚福寶
戚忠才
戚茂春

霍倘鼎
戚開陽
戚阿如
戚才聖
戚國正
戚君昌
戚斯寶
戚　蔡
戚有孝
戚起光
戚三寶
戚高明
戚倍正
戚君浩
戚珠坤
戚繼孝
戚開秀
戚春榮
戚垣孝

霍承興歎鉞忠
戚阿亮
戚高聖
戚來富
戚高盛
戚斯忠
戚斯清
戚　雷
戚開學
戚　添
戚　來
戚維貴
戚貴生
戚　懷
戚大五
戚　行
戚金荷
戚　高
戚國慶

霍炳陽
戚寶春
戚高鳳
戚君奎
戚殿洪
戚君昱
戚國秀
戚增鳳
戚　六
戚　五
戚　秀
戚寶琳
戚高雲
戚成釗
戚　九
戚　毛
戚　寶
戚　才
戚　十

戚運才
戚　保
戚錦榮
戚大洪
戚體乾
戚武英
戚國忠
戚寶林
戚雲章
戚開明
戚學廣
戚小毛
戚大成
戚與乾
戚榮放
戚可
戚寶振
戚承烈
戚華貴
戚萬年
戚立定
戚潘盛

戚邦裕
戚春雷
戚錦華
戚成芳
戚邦英
戚武允
戚阿良
戚志仁 一作致仁
戚宗堯 一作宗耀
戚開元
戚學祥
戚錦元
戚有章
戚　發
戚成治
戚奇豐
戚寶堂
戚振巨
戚開宗
戚啟雲
戚存成
戚開茂

戚開德
戚文高
戚起寶
戚超文
戚秉錡
戚三侮 一作三美
戚阿紀
戚良德
戚阿小
戚錫元
戚餘慶
戚連祥
戚　明
戚瑞明
戚光裕
戚　四
戚懷恩
戚文秉
戚沛霖
戚三畏
戚得則
戚寶仁

戚繼安
戚瑞鶴
戚小洪
戚國鈞
戚光烈
戚　寄
戚景昌
戚尚海
戚明揚
戚四秉
戚元林
戚榮秀
戚慶元
戚成堂
戚鼎華
戚金元
戚德隆
戚　揚
戚阿友
戚　夏
戚立富
戚祥泰

戚學成
戚煥增
戚大忠
戚小雲
戚元綱以上鄉勇題
葉開泰
葉雙珠
葉觀榮
葉炳標
葉得春
葉　珍
葉八鑑
葉正揚
鄉忠義
監生葉季泰
葉金釗
聶阿三

戚學禮
戚東高
戚良德
戚阿蘭
戚　茂
葉鴻逵
葉開德
葉昌榮
葉成福
葉紀塘
葉永成
葉紹成
葉阿儒
葉長庚
鄉勇䕫葉斫
葉金鑑以上鄉勇
聶宇清

戚學詩以上義錄忠
戚東生
戚福元
戚增法
戚寶慶
葉朝清
葉良福
葉士恆
葉貞鳳
葉文耀
葉如林
葉紹福
葉春生
葉銘三
鄉師鑼葉根以上鄉勇題
聶學義以上義錄忠

戚企元
戚志恆
戚天福
戚小七
戚兆周
葉愛珠
葉含坤
葉含暄
葉士朝
生監葉　珠
葉世楷
葉豪裕
葉永仁坰
葉瑩堂

餘姚縣志卷二十忠義終

光緒重修

餘姚縣志卷二十一

列女姓氏錄 凡有傳者不重錄

母範

宋

婺州知州趙師龍妻聞人氏　廣南西路鈐轄趙彥繩妻宣氏

台州兵馬都監趙伯妻方氏　汪子正妻謝氏

節婦

元

王敬妻張氏　汪士瑞妻吳氏

明

熊洪正妻毛氏　熊垂一妻楊氏

熊垂四妻楊氏　熊夢叶妻施氏

熊顯卿妻王氏　熊俊卿妻符氏

熊文强妻干氏　熊綸三妻盧氏

熊文彪妻符氏　熊運景妻楊氏

熊士宏妻樓氏　熊允悌妻樓氏

熊信祥妻黃氏　熊守二妻趙氏

熊誠十五妻陳氏
熊壽妻許氏
熊涵妻趙氏
熊公明妻毛氏
龔滋妻王氏
徐麟妻陸氏
徐謐妻谷氏
徐見山妻傅氏自刎拒逼撫孤完貞
諸倫妻沈氏倫乾隆府志作倫章
朱誥妻張氏
朱諭妻柳氏
朱文科妻徐氏
朱四科妻邵氏
朱廷桐妻孫氏
朱公選妻茅氏
朱槐妻景氏
符東道妻桑氏
符移妻黃氏
符東海妻諸氏
符熾妻熊氏
符順妻戎氏
胡貞十七妻應氏

熊祥十五妻吳氏
熊信十七妻趙氏
熊秀妻趙氏
熊公輔繼妻韓氏
余乾妻施氏
徐珪妻邵氏
徐整妻諸氏
徐敬初妻周氏
徐光昌妻周氏
朱謌妻俞氏
朱振宗妻俞氏
生員朱童養繼妻勞氏
朱□□妻□氏
朱廷榮妻楊氏
朱文烈妻茅氏
朱秩猷妻景氏
符和妻王氏
符東洋妻張氏
符日中妻錢氏
符伯周繼妻胡氏
符大全妻周氏
胡貞廿八妻龔氏

胡佳標妻徐氏
胡望山妻傅氏
生員胡鈺妻王氏
胡慷妻孫氏
胡悌可妻王氏
胡允三妻王氏
胡宗藝妻孫氏
陳守鄉妻錢氏
陳孟廉妻徐氏
陳怡言妻胡氏
孫紀妻嚴氏
孫暹妻毛氏
錢口妻陸氏
潘天錫妻楊氏
高本清妻方氏
毛世鳳妻楊氏
羅晟妻趙氏
羅秀十妻徐氏
楊煜妻諸氏
楊堯臣妻周氏
楊文宰妻俞氏
張思立妻鄭氏

胡震四妻孫氏
胡其縣妻曹氏
胡怡妻羅氏
武生胡大有妻潘氏
胡廷臣妻陳氏
胡允十四妻孫氏
胡樂韜妻黃氏
陳琥妻符氏
陳遂妻王氏
孫紀媳楊氏
舉人韓思忠妻姜氏
潘叔賢妻口氏
高子倫妻翁氏
毛岐鳳妻顧氏
羅衮妻莊氏
楊藻繼妻龔氏
楊熠妻謝氏
楊大登妻謝氏
張一致妻蘇氏
王守忠妻朱氏

王錦妻胡氏
汪廷瓛妻趙氏
汪信一妻黃氏
汪達妻黃氏
進士汪和繼妻王氏
劉演妻戚氏
周子恭妻胡氏
鄒欽妻單氏
岑桂妻張氏
岑祿妻張氏
呂杜妻沈氏
趙子鄉妻胡氏
景口妻陸氏
顧廉妻邵氏
邵方母陳氏
夏思新妻陳氏
陸伯瑞妻呂氏
石模妻盧氏

國朝

童楚望妻胡氏
童贊任妻徐氏
童復謙妻徐氏

黃一禮妻周氏
汪晞曾妻璩氏
生員汪忱妻趙氏
遊擊汪希益妻熊氏
汪行妻石氏
周智妻毛氏
周宗翰妻孫氏
岑越登妻翁氏
岑坦妻何氏
夏萬壽妻宋氏
許璧妻陳氏
景僖妻張氏
魏朝龍妻孫氏
邵童妻陸氏
夏道寧妻鄒氏
鄭文十六妻周氏
陸文宇妻朱氏
石校妻董氏
童萬鍾妻楊氏
童如玉妻孫氏
童可仕妻張氏

童文彪妻陳氏
童啟良妻傅氏
童禹聲妻龔氏
監生童保定繼妻鄭氏
童宇懷妻施氏
童文昺妻方氏
童天黃槐妻黃孫氏
童漢英妻謝氏
童揚雲妻龔氏
童漢箏妻魏氏
熊道備妻馬氏
熊時雨妻符氏
熊懷忠妻曹氏
熊孔祥妻謝氏
熊飛妻馮氏
馮志望妻周氏
馮聖治妻□氏
馮肇俊妻韓氏
馮景山妻徐氏
馮彭齡妻祝氏
職員馮孔耀妻邵氏
府學生員馮珍妻韓氏

童覺楹妻謝氏
童其翰妻胡氏
監生童開桂妻謝氏
童騰昂妻盧氏
童秀峰妻周氏
童文賢妻周氏
童允正妻孫氏
童漢能妻聞人氏
童譜傳妻張氏
童文承魁恩妻胡翊氏
熊丹山妻王氏
熊志道妻毛氏
熊仲正妻曹氏
熊天鍠德妻劉徐氏
熊肇南妻陶氏
監生馮杜妻潘氏
監生馮成基妻潘氏
馮大觀妻王氏
監生馮鎬妻鄭氏
馮守乾妻謝氏
馮天臣妻張氏
馮國珍妻李氏

馮元秀妻陸氏
馮晴軒妻田氏
監生馮靜瀾妻王氏
馮觀瀾妻謝氏
馮觀漁妻朱氏
洪守經妻盧氏
洪煥妻金氏
洪衣綬妻陸氏
洪光學妻黃氏
從九品兼襲雲騎尉洪大杰妻張氏
洪文洞妻邵氏
州同銜洪杓妻潘氏
議敘九品銜洪文沂妻沈氏
洪尚英妻周氏
洪文治妻孫氏
監生洪欄妻吳氏
生員洪文液妻施氏
洪昌榮妻魏氏
生員洪訪箕妻施氏
洪錦堂妻楊氏
洪大炳繼妻施氏
五品封附貢生洪宗敏妾單氏

馮德安妻戚氏
廩生四品銜馮偉妻楊氏
馮守椿繼妻謝氏
生員馮泳妻謝氏
洪學妻張氏
洪光墀妻葉氏
洪偉榮妻吳氏
舉人洪梁繼妻史氏
生員洪家棟妻翁氏
軍功九品銜洪文濬妻桑氏
贈文林郎洪大楣妻潘氏
監生洪維鈗妻邵氏
洪潤妻黃氏
洪文沅妻高氏
監生洪禹功妻夏氏
府學廩生洪恩妻邵氏
監生洪尉妻謝氏
監生洪仁福妻徐氏
五品封布經歷洪維鈁妻張氏
洪仁全妻毛氏
洪廣仁繼妻胡氏

職監洪大樊妻孫氏
翁世茂妻朱氏
翁暢公妻朱氏
翁會泰妻陸氏
翁運治妻徐氏
翁會友妻潘氏
翁元眞妻包氏
翁樹人妻周氏
翁孝貞妻沈氏
翁忠銘妻蔡氏
翁運飛妻陳氏
翁伯理妻周氏
翁聖德繼妻孫氏
翁聖時妻馬氏
翁日呈妻倪氏
鍾開春妻谷氏
雍相度妻朱氏
龔鴻綱妻馮氏
龔日貴妻黃氏
龔修和妻陳氏
龔景銓妻王氏
江仁富妻馬氏

洪淮妻邵氏妾陳氏
翁世澤妻朱氏
燧紳燧翁運標妻施氏
翁基妻韓氏
翁壇妻滑氏
職員翁忠綸妻史氏
翁依人妻符氏
翁會益妻鄭氏
翁孝江妻徐氏
翁元義妻徐氏
翁原玫妻祖氏
翁忠憲妻張氏
翁體仁妻徐氏
監挫玉翁杏香妻杜氏
翁運和妻朱氏
鍾教來妻茹氏
龔蘭臻妻邵氏
龔維珍妻張氏
龔沛霖妻羅氏
監生龔荃福繼妻徐氏
龔維善妻高氏
施仲澄妻房氏

施勇妻陳氏
施履豐妻董氏
施皓妻胡氏
施廷銓妻胡氏
施邦賢妻孫氏
施元佐妻何氏
施國盤妻陸氏
施國瑞妻房氏
施玉球妻胡氏
施邦安妻陳氏
施日燦妻吳氏
施芮妻李氏妾陳氏
施莪陵妻李氏
施恩妻陳氏
施懷川妻馬氏
施百揆繼妻孫氏
生員施照妻羅氏
施景鴻妻陳氏
施運兒妻葉氏
施慶曾妻陳氏
施鴻逵妻史氏
施崴妻徐氏

施音上妻沈氏
施錫朋繼妻李氏
施振妻朱氏
施邦彥妻鄒氏
施光照妻胡氏
施啟仁妻徐氏
施國信妻胡氏
施玉慶妻馬氏
施廷俊妻陳氏
施大業妻馬氏
施型妻陳氏
施幼昌妻陸氏
施錫璜妻史氏
州吏目施雯妾鄭氏
施光盛妻史氏
施句侯妻黃氏
施景涵繼妻胡氏
施鳴崙妻韓氏
施貽褒妻葉氏
施清淪妻趙氏
施峩妻沈氏
施鳳曉妻高氏

監生施光熊妻葉氏
施寶慶妻葉氏
施兆元妻童氏
施朝陽妻沈氏
施清源妻張氏
施明妻胡氏
施汝楫妻鄭氏
施繼洙妻潘氏
施炳偉妻胡氏
施明德妻徐氏
施乾書妻史氏
舒仁德妻羅氏
舒玉廷妻熊氏
舒石泉妻潘氏
余士登妻嚴氏
余其昌妻徐氏
余鏞妻羅氏
余嗣顯妻陳氏
余家修妻孫氏
余宏剛妻岑氏
余承賢妻董氏
余存仁妻孫氏

施倬道妻馮氏
施祖先妻胡氏
施有理繼妻方氏
生員施檟妻俞氏
施錦雯妻毛氏
施寶泉妻徐氏
施文明妻熊氏
施應輿妻傅氏
施配裕妻周氏
施啟昌妻房氏
施宏圭妻黃氏
舒金龍妻柳氏
舒禹順妻羅氏
余士章妻魏氏
余廷昌妻史氏
余喜德妻章氏
余文陸妻莫氏
余方瑛妻羅氏
余東昇妻潘氏
余應奎妻岑氏
余省垣妻徐氏

余占熊妻方氏
余澧繼妻呂氏
余峻妻顧氏
余旭初妻韓氏
余應運妻徐氏
余景蘭妻杜氏
余啟高妻洪氏
余暎堂妻張氏
徐彥超妻曾氏
徐熹妻蔣氏
徐之璋妻韓氏
徐季和妻蔣氏
徐城妻俞氏
徐志學妻董氏
徐國良妻李氏
徐雲龍妻黃氏
徐大銘妻王氏
徐垈妻胡氏
徐其遠妻田氏
徐應敏妻周氏
徐士正妻熊氏
徐景榮妻章氏

余昇飛妻徐氏
余聚浩妻王氏
余兆春妻夏氏
余彬宣妻孫氏
余鍾英妻施氏
余震科妻沈氏
余貴榮妻勵氏
余景昌妻高氏
贈脩職郎徐世權妻張氏
徐豫瑞妻孫氏
徐和夏妻朱氏
徐仲英妻許氏
徐銘妻邵氏
徐翔九妻周氏
徐文正妻熊氏
徐瓚玉妻韓氏
監生徐鏡妻趙氏
徐大鑛妻王氏
徐志丰妻盧氏
徐德載妻胡氏
徐統妻朱氏
徐爛妻王氏

徐元通妻華氏
徐友蓀妻呂氏　妾蔣氏
徐能行妻楊氏
職員徐雲駿妻勞氏
徐美發妻黃氏
徐延潢妻黃氏
徐以洽妻諸氏
徐湇妻黃氏
徐垚官妻張氏
徐守田妻俞氏
徐慕韓妻胡氏
徐大一妻朱氏
徐懋和妻史氏
生員徐文潮繼妻張氏
徐希融妻王氏
徐照妻周氏
徐佩珏妻鍾氏
徐棨妻吳氏
徐啟梓妻鮑氏
徐沛濤妻朱氏
徐文湇妻黃氏
徐肇椿妻吳氏

徐秉德妻胡氏
徐輝祖妻沈氏
徐仁霑母趙氏
徐朗亭妻張氏
徐君翰妻周氏
徐洽妻史氏
徐延澍妻沈氏
徐淵繼妻陳氏
徐春榮妻黃氏
徐季如妻張氏
徐亦盤妻王氏
徐錫冕妻厲氏
徐式典妻潘氏
徐濬川妻黃氏
徐榮德妻馮氏
徐夢月妻沈氏
徐聚沅妻戚氏
徐開泉妻胡氏
徐繼茂妻陳氏
徐行三妻嚴氏
徐陽妻俞氏
徐艮才妻王氏

徐斐如妻楊氏
徐沛江妻厲氏
徐光全妻黃氏
監生徐鈁繼妻王氏
徐新甫繼妻林氏
徐雲唐妻周氏
徐能唐妻謝氏
徐觀式妻胡氏
徐春富妻楊氏
徐際南妻韓氏
徐瀛山妻朱氏
徐世來妻馬氏
徐朗懷妻姜氏
徐允恭妻吳氏
徐宗嶽妻楊氏
徐良惠妻周氏
徐惠均妾翁氏
徐安鄉妻楊氏
徐清源妻鄔氏
徐益林妻邵氏
徐廷材妻魯氏僧胡一
徐金臺妻謝氏

徐廷揚妻嚴氏
徐寶堂妻龔氏
生員徐逵繼妻謝氏
生員徐觀潮繼妻陳氏
徐垣之妻孫氏
徐方禎妻鄒氏
徐泰順妻張氏
徐玉佩妻周氏
徐際盛妻馮氏
徐人化妻陳氏
徐維之妻劉氏
徐墀妻胡氏
徐忠意妻章氏
徐繼湧妻景氏
徐寅清妻施氏
徐恆山妻曹氏
生員徐文溥妻余氏
徐芳春妻毛氏
徐祿林妻金氏
徐士醖妻蔡氏
徐立朝妻胡氏
徐明燧妻黃施氏

徐濟法妻周氏
徐世貞妻陳氏
生員徐烝衍妻周氏
徐友吉妻宋氏
徐大錩妻陸氏
徐景雲妻景氏
徐高和妻朱氏
徐仁則妻施氏
徐雲襄妻陳氏
徐永春妻勵氏勵一作厲
郡庠生襲雲騎尉欽徐士英妻邵氏
徐廷相妻陳氏
徐榮初妻宋氏
監生徐華封妻謝氏
徐文瑞妻韓氏
徐光廷妻周氏
徐端木妻張氏
徐禹春妻邱氏
徐明德妻黄氏
徐泉湧妻鄭氏
徐欽恩妻施氏
徐肇棠妻施氏

徐蔚文妻朱氏
徐占桂妻孫氏
徐慶瀾妻韓氏
徐承基繼妻董氏
徐孝繼妻韓氏
徐延濟妻翁氏
徐華章妻韓氏
徐華封妻施氏
徐如金妻范氏
徐士晉妻余氏
徐開基妻聞人氏
徐一楠妻熊氏
監生徐來廷妻毛氏
徐逢吉妻詹氏
徐士元妻羅氏
廩生徐之煒妻陳氏
徐宇濟繼妻胡氏
徐如泉妻鄔氏
徐仁榮妻鄒氏
徐欽鳳妻葉氏
徐恩榮妻萬氏
徐嘉福妻孫氏

監生徐家祥妻胡氏
徐世椿妻張氏
徐廷春妻王氏
徐椿妻胡氏
徐蓉封妻毛氏
徐文承妻熊氏
徐鑑妻姜氏
徐開楨繼妻楊氏
徐浩元妻周氏
徐薰妻魏氏
徐仁霑妻諸氏
生員徐載清妻嚴氏
徐卓雲妻朱氏
徐新治妻邵氏
徐君相妻譚氏
徐華先妻陸氏
徐達士繼妻黃氏
徐有唐妻韓氏
徐燦若繼妻史氏
徐子喻妻黃氏
徐克家妻吳氏
徐春生妻陸氏

徐啟芳妻高氏
徐載坤妻黃氏
從九品徐寶璇妻余氏
徐英翱妻楊氏
徐化鵬妻周氏
徐人豹妻朱氏
徐兆奎妻沈氏
徐世耀妻厲氏
徐佾浦妻陳氏
從九品徐傑妻周氏
徐承域妻褚氏
徐鐏麟妻郭氏
副貢徐然藜妻周氏
徐文傑妻孫氏
徐君鼎妻唐氏
徐克諧妻盧氏
徐晏如妻余氏
徐寧文妻陳氏
徐稼軒妻朱氏
徐雙城妾余氏
徐樹節妻潘氏
徐國勳妻王氏

徐坤元妻夏氏
徐則孝妻盧氏
文林郎徐秉彝繼妻沈氏
徐仁銓妻俞氏
欽八品徐青梯妻張氏
徐清儒繼妻湯氏
徐樹德妻鄒氏
徐日元妻干氏
監生徐文津繼妻黃氏
監生諸潮妻陳氏
諸卜年妻岑氏
諸光泗妻謝氏
諸文錦妻呂氏
諸維熊妻陸氏
諸世增妻胡氏
諸昌盛妻謝氏
諸士榮妻陳氏
虞嘉祥妻孫氏
于陞階妻張氏
于有盛妻施氏
于鴻源妻朱氏
生員朱葵忠妻周氏

候選知縣徐青程繼妻朱氏
徐寶泉妻潘氏
徐成勳妻陳氏
翰林院徐青選妻勞氏
徐秉和妻周氏
徐志正妻史氏
監生徐枚妻曹氏
監生徐樹蘭妻王氏
徐錦懷繼妻楊氏
諸方逵妻汪氏
諸春楹妻周氏
諸必達妻單氏
諸光漢妻周氏
諸鳳藻妻施氏
諸延宗妻史氏
諸廷璜妻馬氏
監生諸世煒妻徐氏
虞秉泉妻張氏
于起華妻楊氏
于守型妻胡氏
朱允昭妻鄔氏

朱從奎妻李氏
監生朱文巖妻胡氏
朱宏裕妻方氏
朱忠侯媳于氏
朱朗青妻沈氏
朱大受妻徐氏
朱嘉猷妻黃氏（黃氏乾隆府志及吳大本邑劉幽錄並作王氏）
生員朱成章妻韓氏
朱口妻梅氏
朱吉光妻衛氏
朱耀卿妻周氏
朱馬音妻宋氏
朱昭文妻鄔氏
朱佩玉妻潘氏
朱薪妻呂氏
朱朝江妻鄒氏
朱友惠妻于氏
朱慶祺妻吳氏
監生朱偉然繼妻錢氏
監生朱筠妻金氏
監生朱霞妻于氏
朱涵妻沈氏

朱廷桂妻徐氏
朱定遠妻顏氏
朱忠侯妻黃氏
朱烈文妻韓氏
生員朱錫屋妻錢氏
朱文運妻蔣氏
朱大本妻房氏
朱粱妻符氏
朱方來妻王氏
朱英年妻周氏
朱容卿妻潘氏
朱澍妻史氏
朱岳山妻徐氏
朱褒榮妻沈氏
朱朝浚繼妻周氏
朱孝基妻劉氏
生員朱蔚然妻王氏
朱日暄妻毛氏
朱秉華妻禹氏
職員朱銓繼妻萬氏
朱颺妻潘氏

朱元勳妻邵氏
朱景燿妻董氏
朱允濟妻楊氏
朱秀賓繼妻陳氏
朱濟寰繼妻徐氏
朱廸兆妻徐氏
朱塘妻符氏
朱元亨妻黃氏
朱清涵妻嚴氏
朱于田妻鄔氏
朱禹平妻邵氏
朱成琨妻韓氏
朱秉鍾妻葉氏
朱晴園繼妻華氏
朱佳麟妻張氏
朱炳照妻羅氏
朱汝桂妻徐氏
朱英年妻周氏
朱希敍妻王氏
職員朱金鴻妻高氏
遯職順賦朱琳妻葉氏
職員朱雲龍妻高氏

朱景炎妻邵氏
朱兆元妻蔣氏
朱恩豪妻韓氏
朱岳陽妻胡氏
朱廸賢妻胡氏
朱郁章繼妻呂氏
朱霞妻呂氏
朱秉鉦妻姜氏
朱大經妻戚氏
朱汝英妻俞氏
朱堯年妻俞氏
朱禹甸妻傅氏
生員朱蕙妻姜氏
朱學英妻黃氏
朱大晉妻宋氏
朱振寰妻蘇氏
朱守先妻潘氏
朱希乾妻周氏
朱永才妻沈氏
朱朝紳妻魯氏
廩生朱應午妻黃氏
朱九思妻胡氏

朱九經妻黃氏
從九品朱彬繼妻張氏
監生朱濬康妻鄒氏
朱莪妻莫氏
朱玉麟妻胡氏
朱卓雲妻魯氏
職員朱星坊妻洪氏
朱廣泰妻謝氏
朱厚安妻羅氏
朱兆霖妻余氏
朱正泰妻徐氏
朱嘉楙妻史氏
朱思誠妻康氏
監生朱炘妻張氏
朱宗俊妻魯氏
朱啟彪妻陸氏
朱廷憐妻[illegible]氏
朱仁也妻陶氏
朱振南妻馮氏
朱宏元妻樊氏
朱文源妻潘氏
朱煇妻潘氏

朱登清妻童氏
生員朱翹然妻徐氏
朱陞新妻郭氏
朱鳴盛妻余氏
朱開源妻張氏
朱守言妻姜氏
監生朱星垠妻魯氏
朱希坤妻施氏
朱松潮妻聞人氏
朱善長妻樊氏
朱必林妻魯氏
生員朱枚繼妻徐氏
監生朱鴻妻徐氏
朱秉信妻張氏
朱燧初妻金氏
朱南村妻葉氏
朱育仁妻任氏
朱宏學妻張氏
朱振華妻施氏
朱軻妻張氏
朱文濴妻潘氏
朱翼堂妻史氏

朱金聲妻呂氏
朱嘉盛妻魏氏
朱聖士妻施氏
朱維新妻馮氏
朱梴妻徐氏
朱錫圭妻黃氏
朱慶餘妻袁氏
朱星墉妻邵氏
朱惠風妻褚氏
朱超史妻徐氏
朱成玉妻張氏
朱善道妻孫氏
朱陽春妻沈氏
朱世康妻韓氏
朱星坡妻施氏
朱開陽妻禹氏
朱藩覲妻楊氏刲股療
朱德木妻高氏
符伯起妻何氏
符正域妻干氏
符偉功妻戚氏
符良藩妻洪氏

朱鶴千妻馬氏
朱玉璟妻葉氏
朱聖允妻張氏
朱士奎妻張氏
朱金聲妻周氏
朱龍章妻施氏
朱松盛妻陳氏
朱禮芳妻鄒氏
朱丹書妻黃氏
朱錫爵妻葉氏
朱桂春妻高氏
朱森然妻田氏
朱清年妻張氏
朱鋐妻徐氏
朱錫恩妻鄒氏
朱豐年繼妻張氏
朱復昌妻邵氏
朱福昌妻徐氏
符顯奇妻謝氏
符維城妻洪氏
符兆鵬妻沈氏
符位三妻張氏

符成淮妻周氏
符端欄妻干氏
符玉田妻毛氏
符雲瞻妻周氏
符森妻毛氏
符廷梅妻楊氏
符如玉妻嚴氏
符全儒妻孫氏
符耕疇妻嚴氏
符開春妻葉氏
符裕熙妻李氏
監生符崧妻謝氏
符俊猷妻裘氏
符雲梯繼妻周氏
符聖一繼妻黃氏
符宏孝妻沈氏
符世鉉妻曹氏
符宗文妻徐氏
符宗周妻朱氏
符德鳳妻諸氏
符天佑妻陸氏
符士義繼妻謝氏

符兆麒妻姚氏
增生符賛清繼妻劉氏
符青衢妻周氏
符怡然繼妻邵氏
符嘉猷妻周氏
符天柱妻干氏
符漢章妻張氏
符九餘妻嚴氏
符坤六妻王氏
符秉琛妻熊氏
符開基妻葉氏
符邦佐妻熊氏
符廷國妻黃氏
符君瑞妻勞氏
符魁妻熊氏
符世禮妻鄒氏
符宏賓妻王氏
符其祥妻楊氏
符如鈺妻張氏
符榮光妻謝氏
符廷元妻謝氏
符焯妻戚氏

符士達妻陳氏　符廷鍾妾孔氏
符元生妻王氏　符廷鶴妻楊氏
符士璋妻謝氏　符元貞妻俞氏
符方言妻周氏　符夢麟妻干氏
符文煊妻徐氏　符敬所妻吳氏
符方中妻熊氏　符宇華妻沈氏
符安寧妻鄭氏　符治妻黃氏
符志學妻沈氏　符元勳妻熊氏
符天榮妻朱氏　符慶咸妻謝氏
符輝照妻陳氏　符炳照妻楊氏
符品初妻宋氏　符瑜妻謝氏
符有成妻周氏　符圭琳妻王氏
符純源妻戚氏　符金貴妻羅氏
胡鏜妻黃氏　胡祖鑒妻呂氏
胡世沛妻翁氏　胡其介妻錢氏
胡羽宸妻陳氏　胡大令妻呂氏
胡我範妻謝氏　胡大任繼妻茅氏
胡克禮妻楊氏　胡甲妻蕭氏
胡倓妻沈氏　胡國禎妻黃氏
胡士英妻黃氏　監生胡世傑繼妻呂氏
胡永清妻口氏　胡又新妻孫氏
胡鹿苹妻岑氏　胡錦城妻魏氏

胡錦雲妻何氏
胡文瀾妻張氏
胡正樂妻顧氏
胡奕範妻茹氏
胡承緋妻王氏
監生胡廷棟妻茅氏
胡文斕妻張氏
胡汝琳妻鄒氏
胡汝璧妻施氏
胡于美妻張氏
胡士榮妻潘氏
胡承蘇妻陸氏
胡廷材妻黃氏
胡永和妻鄭氏
生員胡騰蛟妻童氏
胡彥豪妻鮑氏
胡亘宇繼妻孫氏
胡佩炎繼妻陳氏
胡賓如妻錢氏
胡松喬妻施氏
胡金奎妻馬氏
胡嶽鎮妻徐氏媳葉氏
胡鶴齡妻施氏
監生胡日炬妻周氏
胡寧功妻蔡氏
胡汝坤妻張氏
胡師濱妻陸氏
胡顯庭妻褚氏
胡淵鑑妻孫氏
胡兆雲妻沈氏
胡艮玉妻潘氏
胡喈妻王氏
胡爾瓚妻楊氏
胡繼澄妻施氏
胡應璐妻楊氏
胡賢鼇妻黃氏
胡秀妻房氏
胡汝旦妻周氏
胡雲山繼妻樓氏
胡元朝妻馬氏
胡佩璋妻龔氏
胡元十八妻徐氏
胡法廿六妻翁氏
生員胡潤三妻陳氏

胡潤六妻孫氏
胡獻青繼妻施氏
胡廷標妻鄒氏
胡斌元妻孫氏
胡張寶妻嚴氏
胡廷震妻鄭氏
胡仁則妻范氏
胡渙組妻羅氏
胡彥來妻陳氏
胡裁妻陸氏
胡玉懷妻徐氏
胡光裘妻周氏
胡承裕妻盧氏
胡式楣妻黃氏
胡德宗妻徐氏
胡錦春妻馬氏
胡汝蛟妻潘氏
胡錚古妻徐氏
胡東沿妻葉氏
胡連科妻鄭氏
胡茂椿妻史氏
胡清源妻黃氏

胡文進妻施氏
胡國柱妻陸氏
胡朝佐妻陸氏
胡柏齡妻潘氏
胡元祥妻孫氏
胡清範妻徐氏
胡永庸妻朱氏
胡得高妻鄭氏
胡連發妻陳氏
胡大全繼妻厲氏
胡玉生妻徐氏
胡行恕妻張氏
胡寅康妻陳氏
胡式邦妻孫氏
贈修職郎胡佩青繼妻朱氏
胡邦寧妻樓氏
胡雲梯妻周氏
胡如山妻徐氏
贈修職郎胡俊妻沈氏
胡昂飛妻岑氏
胡林瑞妻許氏
胡高峰妻龔氏

胡世楨妻戚氏
胡爾鍾妻孫氏
胡杞求妻施氏
胡懷瑛妻孫氏
胡玉圻妻鄒氏
胡若池妻成氏
胡一士妻周氏
胡□□妻□氏
胡秀藻妻華氏
胡宇安妻樓氏
胡善求妻戚氏
胡鴻逵妻謝氏
胡慶之妻張氏
胡文翹妻孫氏
胡大經妻韓氏
監生胡承鎬妾虞氏
布理問胡烝妻沈氏
胡元貴妻嚴氏
胡家明妻楊氏
胡雲傳妻孫氏
胡金鏞妻沈氏
胡維坤妻高氏

胡宮迪妻羅氏
胡南勳妻孫氏
胡清江妻岑氏
監生胡金城繼妻鄭氏
胡文辦妻施氏
胡金塏妻高氏
胡士僩妻羅氏
胡錫範妻龔氏
胡邦彥妻陳氏
胡承仁妻余氏 俆徐一
胡中行妻田氏
胡豐基妻周氏
胡維高妻高氏
胡有能妻茹氏
胡作森妻王氏
胡秀華妻周氏
胡恭先妻黃氏 僙王一
胡貽初妻翁氏
胡金魁妻葉氏
胡春鈿妻洪氏
胡觀壎妻張氏
胡清潤妻諸氏

生員胡政妻張氏
從九品胡棣妻洪氏
胡文林妻施氏
職員胡桐封妻張氏
胡佐國妻馬氏
胡春暉妻駱氏
胡嘉福妻陸氏
胡同初妻黃氏
胡錫書妻厲氏
胡鳶飛妻鄭氏
胡含章妻徐氏
生員胡文達妻毛氏
胡啟元妻陳氏
胡宇迪繼妻徐氏
胡坤鑑妻吳氏
生員胡備三妻陳氏
驍騎胡酉書繼妻馬氏
胡靖載妻莊氏
胡瑞祖妻韓氏
胡元英妻鄭氏
胡南方妻施氏
胡孝百十七妻勞氏
胡占鳳妻徐氏
監生胡大田妻陳氏
監生胡啟鯤妻盧氏
胡道初繼妻史氏
胡爾雅妻陸氏
胡登書妻黃氏
胡雅濤妻葉氏
胡開烈妻龔氏
胡保麒妻史氏
胡靜岳妻周氏
胡高銓妻王氏
胡德昌妻費氏
胡廷桂妻陸氏
胡振先妻陳氏
胡巨本妻童氏
胡譽臣妻蔣氏
胡啟森妻韓氏
胡榮臺妻厲氏
胡繼英繼妻厲氏
胡廷倫妻陸氏
胡春江妻童氏
胡四海妻孫氏

胡茂春妻勞氏
胡嘉秀妻周氏
胡廷銓妻陳氏
胡承欽妻陳氏
胡成嘉妻孫氏
胡星堂妻沈氏
胡銘魁妻厲氏
胡翼堂繼妻章氏
胡口口妻口氏
監生胡仁函妻黃氏
胡聖傳妻陳氏
胡承銓妻岑氏
胡日才妻施氏
胡延慶妻馬氏
胡榮華妻俞氏
胡山清妻陳氏
胡福慶妻陳氏
胡開章妻夏氏
胡長興妻沈氏
屠正祥妻戚氏
吳雲彩妻尹氏
吳衕妻谷氏

胡汝曉妻徐氏
胡百美妻陳氏
胡其傳妻陳氏
胡汝鼇妻孫氏
胡張玉妻方氏
胡燕妻葉氏
胡仁安妻茅氏
胡炳忠繼妻勞氏
胡周鼎妻蔡氏
胡金行妾黃氏
胡廷耀妻陳氏
胡名海妻陸氏
胡元禮妻孫氏
胡立綱妻鄭氏
胡世昌妻洪氏
胡春和妻施氏
胡錫蘢妻李氏
胡南貴妻施氏
胡錦奇妻馬氏
胡策勳妾高氏
吳雲錦妻華氏
吳文龍妻徐氏
吳予祥妻鄭氏

吳兆樹妻孫氏
吳文遠妻葉氏
吳林妻史氏
吳明揚妻張氏
郡庠生吳渭繼妻王氏
吳德文妻沈氏
吳孝友妻孫氏
吳大經妻韓氏
吳兆崧妻張氏
吳端林妻趙氏
吳域妻宋氏
吳乾鈞妻翁氏
吳貽言妻邵氏
拔貢生吳鶴齡妻邵氏
吳南宫妻黃氏
吳高徵妻姜氏
吳巨川妻王氏
從九品吳和鈞妻馮氏
吳善貴妻聞八氏
生員吳景舒妻邵氏
監生吳錦樹妻徐氏
吳德乾妻翁氏

吳文儒妻馬氏
吳望高妻周氏
吳必達妻毛氏
增生吳端榕繼妻陳氏
生員吳培妻李氏
吳金蕙妻葉氏
吳孝進妻韓氏
監生吳良璧繼妻唐氏
吳印華妻趙氏
吳永有妻岑氏
監生吳天保繼妻賈氏
吳以燕妻謝氏
吳一夔妻黃氏
吳耿炎妻沈氏
吳遠徵妻董氏
吳成龍妻嚴氏
捌品吳少堃妻陳氏
監生吳粹一妻呂氏
吳以麃繼妻嚴氏
監生吳玉樹妻毛氏
吳學墀妻胡氏
吳一讓妻黃氏

吳立光妻胡氏　吳良朝妻魯氏
吳丹書妻魏氏　吳徵蘭繼妻錢氏
吳于飛妻陳氏　吳敏學妻許氏
吳夢蘭妻勞氏　吳錞之妻邵氏
吳貞渠妻張氏　吳廷和妻平氏
吳均承妻陳氏　吳景雲妻金氏
吳文琴妻徐氏　盧安清妻黃氏
生員盧邦基妻李氏　盧時遵妻黃氏
盧世昌妻陸氏　盧世俊妻龔氏
盧世則妻胡氏　盧星聚妻張氏
盧靜函妻厲氏　盧聲和妻符氏
盧翼鳳妻鄒氏　盧鈺妻趙氏
盧鏐妻黃氏　盧崙玉妻孫氏
盧紹芹妻毛氏　盧文金妻黃氏
盧鉦妻趙氏　盧世英妻陳氏
盧紹章妻鮑氏　[illegible]𨃮寺盧鋭繼妻錢氏
盧恆介繼妻洪氏　盧恆本妻張氏
樾[illegible][illegible]蘇滋忭繼妻聞人氏　蘇新鏞妻邵氏
蘇秉乾妻史氏　蘇德峻妻邵氏
蘇一麟妻謝氏　蘇汝霖妻朱氏
蘇爾嘗妻朱氏　俞洪泰妻符氏
俞法穌妻陳氏　生員俞藩繼妻楊氏

俞若籛妻韓氏
俞紹洵妻毛氏
俞本泰妻劉氏
俞玉堂妻錢氏
俞方琳妻周氏
俞景春妻陳氏
俞善陞妻王氏
俞英華妻魏氏
俞在良繼妻魯氏
監生俞守禮繼妻謝氏
俞元良妻鄧氏
俞景張妻謝氏
倪見峯妻許氏
倪禹傳妻蔣氏
倪志仁妻嚴氏
倪廷柱妻勞氏
生員倪廷栻妻徐氏
倪慶三妻鄒氏
倪呈祥妻趙氏
州同銜倪鼎畣妻蕭氏
柴奎照繼妻鄭氏
生員柴愈藍妻楊氏

俞錦書妻邱氏
俞之璜妻劉氏
監生俞思諫妻孫氏
俞古熊妻毛氏
俞開洲妻朱氏
俞紹祖妻楊氏
俞成照妻戚氏
俞明祖妻楊氏
俞丹溪妻汪氏
俞景春妻龔氏
俞開鑑妻孫氏
倪沁田妻蕭氏
倪繼寬妻黃氏
倪檀芳妻鄒氏
倪廷枏妻周氏偶一鄒
倪臨照妻樓氏
倪兆麟妻聞人氏
倪文龍妻鄒氏
倪承瑞妻鄒氏
生員倪本懷繼妻宋氏
柴如桂妻張氏
監生柴景晨妻邢氏

梅雲谷妻胡氏
陳大魁妻邵氏
陳世熙妻胡氏
陳四七妻項氏
陳聖慶妻黃氏
陳錫仁妻任氏
陳廣仁妻黃氏
陳大元妻孫氏
陳元度妻王氏
陳毓英妻邵氏
陳卓然妻朱氏
陳九經妻謝氏
陳造萃妻姚氏
陳宗元繼妻張氏
陳超庸妻傅氏
陳殿英妻房氏
陳維本妻張氏
陳敬鼇妻金氏
陳寬安妻韓氏
陳丹豪妻鄒氏
陳大信妻徐氏
監生陳錫三妻徐氏

陳文瑛妻徐氏
陳公璠妻郭氏
陳采南妻周氏
陳景榮妻章氏
陳錫璐妻李氏
陳爾俊妻俞氏
陳介猷妻岑氏
陳宗海妻諸氏
陳子贍妻朱氏
陳方成妻岑氏
陳廷耀妻徐氏
陳占士妻景氏
陳學達妻施氏
陳學詩妻張氏
陳宇源妻魏氏
陳志儆妻馬氏
陳□□妻倪氏
陳名賢妻張氏
陳光夏妻華氏
監生陳步瀛妻葉氏
陳名正妻張氏

陳法盛妻徐氏
陳書球妻徐氏
陳協仁妻呂氏
監生陳節樞妻邵氏
陳聯芳妻萬氏
陳可範妻鄭氏
陳福田妻宣氏
陳心泰妻胡氏
陳涵妻何氏
陳文遠妻孫氏
陳志鳳妻潘氏
陳嗣源妻華氏
陳賡衢繼妻成氏
陳占易繼妻沈氏
陳在節妻許氏
陳洽和妻茅氏
陳明德妻徐氏
陳玉如妻華氏
陳元英妻孫氏
陳從賢妻王氏
陳竹林妻胡氏
陳正源妻俞氏俞一作何

陳智聖妻王氏
陳文蘭妻高氏
陳起彪妻蔡氏
生員陳珪妻施氏
供事陳誠鑪妻周氏妾楊氏
陳書能妻徐氏
陳銘妻聶氏
陳尚懋妻倪氏
陳玉成妻萬氏
陳燿妻宓氏
陳濟義妻姜氏
監生陳望妻孫氏
陳桂芳繼妻夏氏
陳賡陛繼妻諸氏
陳國泰妻胡氏
陳靜川妻鄒氏
陳宇輝妻何氏
陳岐山妻周氏
陳賢堂妻宣氏
陳咸凝妻茅氏
陳在俊妻徐氏
陳光垕妻胡氏

陳光坤妻勞氏
陳靜安妻孫氏
陳寶詩妻丁氏
生員陳協星妻張氏
陳沛源妻沈氏
陳壂妻諸氏
陳元貴妻羅氏
陳和錞妻田氏
陳作梅妻羅氏
陳啟端妻黄氏
陳熙元妻何氏
陳崑崙妻姜氏
監生陳餘槐妻吴氏
陳啟元妻胡氏
陳昌五妻干氏
陳蓮芬妻張氏
陳箕範妻楊氏
陳堂妻胡氏
陳載笙妻鄒氏
陳剛毅妻魏氏
陳盛茂妻李氏
陳慶瑞妻黄氏

陳崧安妻胡氏
陳大鈺妻趙氏
陳思凝妻王氏
陳景岳妻史氏
陳書榮妻陸氏
陳咸吉妻王氏
陳阿五妻裘氏
陳文金妻樓氏
陳師濂妻汪氏
陳慶常妻胡氏
陳炳茂妻張氏
從九品陳嗣周繼妻華氏
陳森應妻方氏
從九品陳爍妻魏氏
陳堯勳妻張氏
陳如欄妻周氏
陳光耀妻鄭氏
陳邦生妻張氏
陳揚芳妻吴氏
陳志增妻施氏
陳盛崧妻袁氏
陳近信妻王氏

陳東昇妻褚氏
陳煒炳妻張氏
陳廷謨妻黃氏
陳福春妻王氏
陳天球妻黃氏
陳新傳妻張氏
陳增妻郝氏
陳延齡妻戚氏　妾嚴氏
從九品陳學敏妻宋氏
陳肇周妻羅氏
生員陳瀚妻邵氏
布政司理問陳廷楨繼妻黃氏
秦廷貴妻趙氏
聞人德昌妻張氏
聞人堉妻沈氏
聞人洪妻王氏
聞人大賓妻酈氏
聞人炎妻陳氏
聞人尙秀妻謝氏
聞人淦妻錢氏
聞人采章妻韓氏
樊文高妻戎氏

陳寶三妻楊氏
生員陳霞標妻趙氏
陳時諧妻俞氏
陳寶同妻姚氏
陳月桂妻夏氏
州同銜陳志衡繼妻姜氏
陳金寶妻程氏
陳憲章妻毛氏
陳錫妻錢氏
陳福珠妻周氏
訓導陳宗墉妻倪氏
陳應元妻胡氏
聞人彬妻俞氏
聞人湧妻許氏
聞人金妻任氏
聞人懷榮妻華氏
聞人茂妻夏氏
聞人秉章妻周氏
聞人瑞妻章氏
監生孫貽美妻胡氏
孫時黃妻胡氏

孫承泉妻王氏
孫衛妻李氏
孫伯純妻張氏
孫允公妻胡氏
孫世旦妻徐氏
孫時益妻胡氏
孫景淵繼妻朱氏
孫明揚妻余氏
孫偉卿妻翁氏[illegible]龔一
孫鴻妻張氏
孫嘉增妻胡氏
孫配嵛妻葉氏
孫裁妻勵氏
孫鳳山妻樓氏
孫景玉妻嚴氏
生員孫時霖妻吳氏
孫文熯妻厲氏
孫愷城繼妻潘氏
生員孫光地妻翁氏
生員孫翥妻賴氏
孫翼聖妻徐氏
孫高才妻何氏

孫安之妻宋氏
監生孫大猷妻張氏
孫鳳冲妻徐氏
生員孫鎔妻柴氏
孫秉璋妻羅氏
孫錫鰲妻葉氏
孫文相妻陳氏
孫維緯妻葉氏
孫蘭桂妻何氏
孫國顯妻胡氏
孫江妻宋氏
孫錫我妻房氏
孫秉義妻胡氏
孫元慶妻徐氏
孫祈晶妻嚴氏
孫有用妻鄒氏
孫麟瑞妻吳氏
孫愷疆妻徐氏
孫錫球妻黃氏
孫鳳池妻胡氏
孫致文妻龔氏
孫金麟妻李氏

孫鳳來妻徐氏
孫鳳春妻鮑氏
孫成章妻杜氏
孫維鏞妻胡氏
監生孫成金妻陳氏
生員孫紹祖妻葉氏
孫春陽妻黄氏
孫邦凝妻黄氏僙范
孫隆慶妻朱氏
銅知孫鉦妻李氏
監生孫萬鳳妻戚氏
孫致廣妻邵氏
孫余名妻蔣氏
孫峻德妻鄭氏
職員孫敬時妻陳氏
生員孫乃賡妻魯氏
監生孫春卿妻陳氏
孫有慶妻黄氏
孫森貴妻陳氏
孫福謙繼妻毛氏
監生孫耕之妻黄氏
孫有祺妻周氏

孫永源妻邸氏
孫咸瑞妻于氏
孫興如妻童氏
孫榮三妻陳氏
孫天祈妻羅氏
孫萬全妻羅氏
孫景陽妻徐氏
孫承勳妻胡氏
孫乃銓妻王氏
監生孫望嵐妻戚氏
監生孫望賢妻岑氏
孫在郊妻余氏
監生孫鳳翎繼妻胡氏
孫朝岡妻徐氏
監生孫成金妻王氏
孫銘勳繼妻章氏
孫文懷妻駱氏
孫福壽繼妻蘇氏
孫沛霖妻胡氏
贈仕孫澄之妻劉氏
孫裕昇妻胡氏
孫于安妻徐氏

孫大慶妻陳氏　孫鳳梧妻褚氏
孫菊亭妻沈氏　孫爾學繼妻蔣氏
孫茂林妻張氏　孫啟旺妻岑氏
孫毓秀妻黃氏　孫書佩妻楊氏
孫徐盛妻羅氏　孫春富妻沈氏
袁彙徵繼妻金氏　袁景雲妻宋氏
袁世昌妻黃氏　袁璉妻張氏
袁金琣妻黃氏　袁鈞妻葉氏
袁朝佐妻鄒氏　袁金珩妻陸氏
袁全友妻許氏　袁和平妻顧氏　續一
袁懷義妻黃氏　袁齊環妻邵氏
袁純章妻吳氏　袁啟烈妻施氏
袁霖雲妻葉氏　袁士鳳妻張氏
袁邦柱妻朱氏　袁成柱妻蔡氏
袁成達妻徐氏　袁宏學妻周氏
袁啟才繼妻許氏　袁士超妻馬氏
袁齊寅妻毛氏　袁聖榜妻毛氏
韓天籃妻徐氏　韓子龍妻陳氏
韓電章妻邵氏　韓望可妻褚氏
韓繼綸妻盧氏　韓肇奏妻章氏
韓肇麟妻袁氏　韓希軾妻熊氏
韓□□妻樻氏　韓澄卿妻魯氏

韓衡川妻高氏
韓文妻徐氏
韓希之妻朱氏
韓繼龍妻舒氏
韓三陽妻邵氏
韓月州妻胡氏
韓步月妻谷氏
韓美貞妻周氏
韓粹夫妻孫氏
韓步岳妻姜氏
韓繼鉷妻丁氏
韓方穀繼妻吳氏
韓宏濤妻王氏
府學生員韓芳妻沈氏
韓兆蘭妻黃氏
韓楚蘭妻黃氏
韓穎豐妻黃氏
韓錫麟妻盧氏
韓鵬飛妻張氏
韓天麟妻張氏
生員韓賡輝妻沈氏
韓淮妻樓氏

韓迴瀾妻岑氏
韓學詩妻趙氏
韓國順妻岑氏
韓垣妻施氏
韓壘妻張氏
韓辰輝妻張氏
韓國凝妻邵氏
韓浩妻朱氏
韓巨章妻黃氏
韓澄珠妻周氏
韓克忠繼妻羅氏
韓克聖繼妻謝氏
韓方中妻徐氏
韓水章妻蘇氏
韓芝蘭妻黃氏
韓國佑妻金氏
生員韓夢槐妻張氏
韓宇良妻張氏
韓元裕妻符氏
韓城妻俞氏
布理問銜韓塘妻陳氏
韓巨昌妻袁氏

韓環妻施氏
韓安來妻毛氏
干在新妻高氏
干英奇妻楊氏
干兆泰妻俞氏
干修富妻謝氏
潘相宰妻周氏
潘奇龍妻王氏
潘兆鵬繼妻韓氏
潘開祥妻孫氏
潘雲翔妻韓氏
潘忠亨妻蔣氏
潘樗妻郭氏
潘忠鼇妻張氏
潘清鎔妾黃氏
潘孝承妻韓氏
潘崧岳妻王氏
潘金芝妻宋氏
潘世境妻張氏
潘書仙妻徐氏
潘德暘妻瑚氏
潘士秀妻胡氏

韓槐妻高氏
韓東明妻張氏
干錦城妻楊氏
干福元妻童氏
干金銘妻吳氏
干福培妻張氏
潘兆元妻宋氏
潘有安妻胡氏
生員潘式銑妻周氏
潘德宏妻滑氏
潘占元妻張氏
生員潘巖雲妻周氏
潘忠直妻張氏
潘孝椿妻周氏
潘維一妻史氏
潘節英妻陳氏
潘維椿妻華氏
潘金萱妻徐氏
潘遴高妻胡氏
潘調元妻楊氏
潘尊榮妻蔣氏
潘上遴妻葉氏

潘夏妻翁氏
潘鍾岳妻王氏
潘節豪妻胡氏
潘源母郭氏
潘小春妻陳氏
潘大增妻張氏
潘燚增妻陳氏　榮妻韓氏
錢庭槐妻謝氏
生員錢豐益妻徐氏
錢鏞妻陳氏
錢濟民妻邵氏
錢殿華妻夏氏
姚學勤妻沈氏
姚增燮妻李氏
姚邦華妻施氏
姚廷興妻姜氏
姚世暄妻沈氏
姚熀妻韓氏
姚承茂妻董氏
茅光泗妻嚴氏
監生茅垚庭妻陸氏
茅臨初妻姜氏

潘又華妻宋氏
潘友嘉妻朱氏
潘瑾妻陳氏
潘珙繼妻宓氏
潘春雲妻阮氏
潘德一妻樓氏
錢塾妻王氏
錢象恆妻鄭氏
生員錢坤妻沈氏
錢與九妻宋氏
錢兆先妻孟氏
錢鐸妻何氏
姚煜妻項氏
姚嘉言妻黃氏
姚邦教妻金氏
姚塲妻胡氏
姚炳泰妻褚氏
姚殿華妻孫氏
茅予鏜妻陳氏
茅錦苑妻魯氏
茅予欽繼妻周氏

茅安淮繼妻張氏　茅棠杲妻姜氏
茅元棟妻陸氏　茅倫行妻熊氏
包行南妻葉氏　包承業妻汪氏
包守珩妻邵氏　包世懷妻朱氏
包守聖妻王氏
陶文治妻宋氏　陶銳妻朱氏
陶維楨妻鄒氏　陶備武妻呂氏
職員陶錡妻謝氏　陶元貴妻華氏
陶寶洛妻陳氏　陶鍇妻甘氏
曹啟龍妻周氏　曹仁甫妻黃氏
曹繡亭妻方氏　曹東耀妻張氏
曹景聲妻陳氏　曹東海妻余氏
曹咸寧妻岑氏　生員曹楷妻陳氏
曹葆誠妻徐氏　曹善政妻熊氏
高士連妻羅氏　高文明妻鄭氏
高興杜妻熊氏　高拱乾妻馬氏
候選府通判高呂鴻妻王氏　監生高雲階妻阮氏
高文元妻馬氏　高植妻黃氏
高琦妻馬氏　高萃先妻吳氏
高星三妻徐氏　高純一妻朱氏
高文治妻黃氏　高爾鐵妻王氏
高𤅢妻胡氏　高堅妻胡氏

高鳳岐妻韓氏
高大鋃妻貝氏
監生高振妻王氏
高冠岳妻黃氏
高相如妻徐氏
高大綱妻徐氏
高隆飛妻盧氏
毛應昌妻洪氏
毛聃妻孫氏
毛叔平繼妻何氏
毛學智妻魯氏
監生毛粹初妻余氏
毛三益母葉氏
毛瑜妻馬氏
監生毛覺初妻余氏
毛維楓妻鄭氏
毛志緯妻鄒氏
監生毛承楫妻葉氏
監生毛中久妻符氏
毛如梯妻孫氏
毛如璨妻任氏
職員毛彙元妻邵氏

高鳳鳴妻韓氏
高其昌妻胡氏
高鳳喈妻童氏
高蒙泉妻阮氏
高襟三妻岑氏
高清麒妻周氏
高生槐妻吳氏
毛銀之妻趙氏
毛子千妻宋氏
毛俊乂妻魏氏
毛希夏繼妻張氏
毛咸和妻余氏
毛綱妻魏氏
毛長齡祖母余氏
毛永泰妻董氏
毛世椿妻鄭氏
毛鼎元妻陸氏
生員毛元位妻宋氏
毛世德繼妻魏氏
毛望元妻干氏
毛煥文妻董氏
毛國寧妻金氏

佺余一

毛秀貞妻宋氏
毛煜如妻岑氏
毛金書妻朱氏
毛顯裕妻丁氏
毛德奇妻楊氏
毛德祺妻楊氏
毛德章妻周氏
毛開芳妻朱氏
毛含義妻谷氏
毛瑞椿妻沈氏
毛湧如妻趙氏
毛華傳妻何氏
毛典午妻何氏
毛廷球妻施氏
雲騎尉毛德如妻王氏
毛典仁妻岑氏
銜州同毛彙彬妻嚴氏
監生勞振金妻謝氏
勞世球妻景氏
勞夢熊妻黃氏
監生勞邦本妻戴氏
監生勞學濱妻王氏

毛世銓妻余氏
毛含蘭妻石氏
候選毛元禧妻沈氏
毛在章妻孫氏
毛宗渭妻楊氏
毛含峯妻宋氏
生員毛天珍妻韓氏
毛懷祖妻余氏
毛文明妻朱氏
毛作忠妻吳氏
毛望春妻何氏
毛文道妻王氏
毛德金妻劉氏
監生毛棨成妻翁氏
武略郎毛鵬雲妻沈氏
毛厚生妻魏氏
勞一龍妻王氏
勞直方妻張氏
勞文錦妻葉氏
勞鶴軒妻魯氏
生員勞懷先妻黃氏

勞光祖妻周氏
監生勞光緒妻王氏
生員勞藍輝妻毛氏
勞文鏞妻陳氏
勞維之妻許氏
勞經煌妻呂氏
勞寶龍妻施氏
勞貞修妻成氏
勞讓年妻沈氏
勞履祥妻沈氏
勞明德妻傅氏
羅均揆妻袁氏
羅塏妻高氏
羅勝之妻馬氏
羅廷玉妻徐氏
羅通濰妻虞氏
羅渭祥妻徐氏
羅允登妻胡氏
羅永銓妻徐氏
羅文言妻姜氏
羅英銳妻岑氏
羅觀國妻吳氏

勞世煒妻楊氏
勞廷揚妻樓氏
勞文銓繼妻邵氏
勞汝枋妻黃氏
生員勞炳辰妻吳氏
勞履剛妻董氏
勞方榮妻吳氏
勞中標妻胡氏
勞履中妻陳氏
勞昭漢妻魏氏
勞福寶妻徐氏
羅士忠繼妻胡氏
羅希聖妻高氏
羅文明妻房氏
羅辰輔妾柯氏
羅邦德妻史氏
羅朝宗妻黃氏
羅文炘妻陸氏
羅軒于妻俞氏
羅文耀妻盧氏
羅英表妻岑氏
羅春陽妻董氏

羅俊密妻陸氏
羅祖敬妻樓氏
羅祖華妻史氏
雲騎尉羅鏡澄妻周氏
羅德培妻史氏
羅又蘭妻徐氏
羅霞錦妻馬氏
羅聖裁妻張氏
羅效彩妻唐氏
羅大京妻孫氏
羅璠妻茹氏
羅邦寧妻馬氏
羅旭明妻岑氏
生員羅文聲妻宓氏
羅國瑞妻任氏
從九品羅雨金妻沈氏
何在坦妻張氏
何廷儀妻宓氏
何成塤妻邵氏
何靜山妻洪氏
何銈妻張氏
何思忠妻李氏

羅南林妻陳氏
羅祖晉妻樓氏
羅明善妻史氏
羅憲賢妻陳氏
五品銜羅森繼妻孔氏
羅文春妻葉氏
從九品羅允照妻沈氏
羅邦英妻孫氏
羅成瑚妻高氏
羅福齡妻潘氏
羅友文妻葉氏
羅旭英妻吳氏
羅德潛妻孫氏
羅南曉妻胡氏
羅德盛妻韓氏
羅膏霖妻吳氏
何成宰妻葉氏
何連芳妻嚴氏
何成垣妻陸氏
何厥中妻胡氏
何成秀妻李氏
何夢正妻馬氏

何春炎妻孫氏
何象西妻陸氏
何達繼妻王氏
何廣彩妻陳氏
何宏德妻于氏
何景新妻鄭氏
何榮慶妻夏氏
監生何鑑如繼妻陳氏
何安慶妻田氏
何鑣妻王氏
何黼廷妻王氏
何肯堂妻洪氏
何金高妻余氏
何汝霖妻魏氏
楊師古妻俞氏
楊北涯妻胡氏
楊汝梁妻袁氏
楊斐衍妻嚴氏
楊承雲妻宋氏
楊忠義妻鄭氏
楊連陞妻史氏
楊天爵妻華氏

何春江妻余氏
何日義妻華氏
何逵妻沈氏
何昌明妻蕭氏
何錫祉妻夏氏
何懋中妻符氏
何贊美妻李氏
何青波妻杜氏
何守銘妻張氏
何洪林妻魏氏
何青雲妻朱氏
何日珠妻陳氏
何其庶妻陳氏
楊朝肅妻翁氏
楊履謙妻邵氏
監生楊啟光繼妻姚氏
楊淇園妻俞氏
楊文衡妻金氏
楊敏儒妻駱氏
楊商奇妻許氏
監生楊德餘繼妻黃氏
楊奕山妻袁氏

楊大溥妻葉氏
楊善容妻周氏
楊鳳高妻陸氏
楊學庶妻符氏
楊忠餘繼妻沈氏
楊雅所妻胡氏
楊照妻周氏
楊世湆妻康氏
楊經懷繼妻胡氏
楊煊妻洪氏
楊燾妻干氏
楊慎餘妻胡氏
監生六品銜楊端書妻徐氏
楊文相妻熊氏
楊端詒妻胡氏
詹事府主簿楊宗綬妻謝氏
楊廷麟妻陳氏
楊思潮妻鄭氏
楊志江妻沈氏
楊恒豫妻諸氏
楊兆鴛妻胡氏
楊光耀妻史氏

楊岐妻魏氏
楊靜之妻孫氏
楊尹鑑妻毛氏
衍聖官執事楊懷餘妻洪氏
楊源沛妻徐氏
楊安金妻康氏
楊杰妻周氏
楊士標繼妻陳氏
楊澐繼妻姚氏
楊承昌妻周氏
楊玢珩妻許氏
監生楊桓繼妻戚氏
楊仁勇妻胡氏
監生八品銜楊朝哲妻馮氏
楊以鍔妻周氏
監生楊開基妻周氏
楊作雲妻趙氏
楊海源妻戚氏
五品封楊積功妻謝氏
楊必祥妻張氏
楊沛昇妻趙氏
監生楊燦妻杜氏燦一作燦

候選都司楊立人妻俞氏
楊東巨妻符氏陳鉅序
楊元榮妻郭氏
楊玢妻何氏
楊善恩妻謝氏
楊聖祥妻周氏
楊以新繼妻沈氏
楊餘慶妻周氏
廩貢生楊立功繼妻俞氏
楊占鰲妻沈氏
楊宗潮繼妻張氏
楊移定妻魏氏
楊名榮妻史氏
楊松年妻熊氏
從九品楊谷源妾沈氏
職員章啟明妻施氏
從九品章安德妻沈氏
張天庚妾邵氏
張培惠妻許氏
張友朱妻嚴氏
張守約妻羅氏
張南陽妻何氏

楊五魁妻方氏
楊伯榮妻朱氏
楊宗輝妻何氏
生員楊世琦繼妻嚴氏
楊芳齡繼妻胡氏
楊守常妻王氏
楊以田繼妻沈氏
楊長生妻徐氏
楊世瑛妻翁氏
楊志和妻周氏
楊聖成妻謝氏
楊汝清妻胡氏
楊若山妻俞氏
楊華齡妻施氏
楊業濰妻王氏
章鼎歧妻劉氏
章桂妻徐氏
張宿妻趙氏
張培華妻朱氏
武略郎張遇亨妻吳氏
張起先妻毛氏
張子龍妻倪氏

張鴻勳妻郁氏
張兆科妻嚴氏兆科吳大本闡幽錄作兆祥
生員張綸妻韓氏
張志烶妻錢氏錢氏府志及吳大本闡幽錄並作謝氏
張孟英妻鄭氏
張宗武妻劉氏
張國芳妻徐氏
張承照妻吳氏
監生張炯寰妻陳氏
張敬修妻徐氏
張烺妻陳氏
張麟妻□氏
張如堂妻徐氏
張淮妻潘氏
張桓繼妻高氏
張維厚妻陳氏
張企先妻毛氏
張素我妻楊氏
張維翰妻徐氏
張永富妻茅氏
從九品張邦熙妻周氏
張炯妻徐氏

張鴻業妻郁氏
生員張煜曒繼妻韓氏
張天祥妻史氏
張德聞妻茅氏
張士鳳妻吳氏
張天祿妻柳氏
張孟升妻趙氏
張縉書妻胡氏
張繼成妻徐氏
張維鉞妻王氏
張一清妻楊氏
張佐清妻鮑氏
張受齊妻吳氏
張中玫繼妻趙氏
張學庭妻姜氏
張敬簡妻金氏
張錦妻周氏
郡庠生張天如妻史氏
張永滔妻俞氏
張楚明妻陳氏

張繼成妻朱氏
張學渠妻陸氏
張新宮妻吳氏
張培妻洪氏
張肇科妻謝氏
張耕三妻黃氏
張浩如妻楊氏
張文順妻史氏
張書勳妻陳氏
職員張新榆繼妻呂氏
張文光妻許氏
張倫正妻徐氏徐一作邵
張卓然妻許氏
張鳳翔妻周氏
張如舟妻徐氏
張春雯妻鄒氏
張象賢妻俞氏
張佩弦妻魏氏
張熙春妻聞人氏
佾生張鳴陽妻陳氏
張成斐妻戚氏
張鉉妻任氏

張天奇妻余氏
張守先妻朱氏
張維嶽繼妻謝氏
張應昌妻楊氏
張廷培繼妻倪氏一作庭倪
張文照妻卞氏
張永順妻俞氏
張乘龍妻施氏
張名蘭妻翁氏
監生張璧河妾王氏
張伊傅繼妻黃氏
張述功妻胡氏胡一作邵
張士成妻沈氏
張如美妻錢氏
張應木妻金氏
張景春妻孫氏
府經歷張揆妾鄒氏
張浴德妻陸氏
監生張朝佐妻周氏
張長生妻周氏
張學潮妻盧氏
監生張盈妻戚氏

張維綱妻魯氏
張鳳岐妻謝氏
張仁壽妻胡氏
郡庠生張榮豐繼妻嚴氏
張成策妻陳氏
張嗣立妻任氏
張名標妻胡氏
張茂慶妻王氏
監生張春榜繼妻岑氏
監生張百椿妻黃氏
張德學妻黃氏
張財源妻趙氏
張宗潤妻周氏
張元坤妻高氏
張維昴妻倪氏
職員張嗣康妾曹氏
張觀賢妻陳氏
監生張春雷妻陸氏
張聞謠妻陳氏
張士耀妻周氏
張新燦妻孫氏
張文學妻陳氏
鹽經歷張辰妾朱氏
張德坤妻陳氏
張仁簡妻沈氏
張成仁妻胡氏
張齊水妻孫氏
張佩珠妻謝氏
張衢亨妻方氏
張衍盈妻史氏
監生張文淵妻胡氏
張名臣妻陳氏
張宗槐妻葉氏
張宗潞妻樓氏
張宗洋妻陸氏
張錦椿妻宋氏
張青來妻陳氏
張繼玉妻徐氏
張錫瑮妻孫氏
張成堯妻鄒氏
張春泉妻胡氏
監生張文鑭妻傅氏
張志榮妻趙氏
張沛然妻黃氏

張紳妻唐氏
張志粱妻陳氏
張嵩年妻馮氏
張開國妻呂氏
張鳳貨妻吳氏
張貽森妻邵氏
王繩徠妻陳氏
王子寧妻張氏
王維迪妻任氏
王士述妻沈氏
王之綱妻孫氏
王允嶔妻沈氏
王本達妻朱氏
王晉侚妻黄氏
王棻妻馮氏
王振宫妻周氏
王安行妻鄒氏
王試旦妻沈氏
王燦妻張氏
監生王在鈞妻伍氏
王錫倫妻楊氏
王學智妻楊氏

張景園妻吳氏
張嵩洲妻夏氏
張禹東妻楊氏
張鳳鷹妻吳氏
張綬之妻俞氏
張廣惠妻徐氏
王貽植祖母黄氏
王後昌妻呂氏
王光耀妻周氏
王三友妻茅氏
王景坦妻洪氏
王鈞陶妻黄氏
王仁妻陳氏
王惇三妻孫氏
王皡妻張氏
王時鳳妻陸氏
王丹書妻陳氏
王斗文妻余氏
王錫韓妻徐氏
王廷清妻岑氏
王舜韶妻諸氏
王咸英妻夏氏
王維屏妻田氏

監生王欽妻鄒氏
王鶴年妻謝氏
王如洪妻張氏
王睦九妻趙氏
王正儀妻謝氏
監生王錫周繼妻諸氏
監生王會津妾黃氏
王廷儀妻陸氏
王鳴陽妻厲氏
王應義妻陸氏
王如泰妻朱氏
王忠楷妾胡氏
王潤逵妻陳氏
王亦健妻張氏
王傳珠妻黃氏
王養源妻吳氏
王炳義妻姜氏
王本誠妻謝氏
王賜恩妻陳氏
王松鶴妻方氏
王世進妻張氏
王介書妻宋氏

監生王滋基繼妻陳氏
王禹川妻黃氏
王承烈妻徐氏
王洲妻呂氏
王繼川妻施氏
王省方妻馮氏
王錫圻繼妻戴氏
王後榮妻朱氏
王允標妻楊氏
王大德妻熊氏
王萬雄妻毛氏
王行高妻陳氏
王時安妻魏氏
王永清妻岑氏
王開源妻孫氏
監生王金水妻葉氏
王萬麟妻葉氏
王廉能妻呂氏
王先揚妻陳氏
王德貴妻陳氏
王鼎成妻馬氏
王履常妻余氏

王賜春妻張氏
王東陽妻楊氏
王永祥妻熊氏
王元英妻周氏
王廣泰妻周氏
王良甫妻陳氏
王忠楷妻魏氏
房開茂妻馬氏
房梧庭妻許氏
方積生妻張氏
方芥山妻黃氏
方熙載妻魯氏
方龍允妻高氏
方友梅妻徐氏
方寶生妻施氏
方駿聲妻汪氏
方國興妻徐氏
方宣珠妻周氏倜朱一
生員方二南妻萬氏
方始和妻林氏
方斐其妻包氏
方熙妻謝氏

王後相妻陶氏
王章春妻謝氏
王金陽妻孫氏
王滋莊妻趙氏
王信忠妻趙氏
王偉人妻馮氏
王學鑣妻諸氏
房克敬妻張氏
房超然妻馬氏
方汝璋妻褚氏
方河津妻韓氏
方遐齡妻朱氏
方鵬飛妻王氏
方景炎妻邵氏
方友桐妻周氏
方清渠妻劉氏
方紀章妻戚氏
監生方瑤妾李氏
方元塏妻陳氏
方元培妻陳氏
方東升妻戚氏
方宇周妻劉氏

方臣賢妻張氏
方森貴妻楊氏
方賢臣妻張氏
方宸環妻陳氏
方豐四妻張氏
方康衢妻吳氏
黄萃禧妻朱氏
黄景暠妻趙氏
黄景旦妻洪氏
黄紹基妻李氏
生員黄良材妻章氏
黄孝則妻李氏
黄廷三妻諸氏
黄振飛妻謝氏
黄述榮妻樓氏僂一妻
生員黄鶴繼妻沈氏
黄堯臣妻駱氏
黄正邦妻陳氏
黄元資妻莫氏
黄潤童氏
黄金繼妻韓氏
黄文臣妻章氏

方日榮妻樓氏僂一妻
方鳳妻劉氏
方芽林妻楊氏
方月湖繼妻黄氏
方廷之妻朱氏
方元成妻鄒氏
黄千仞妻龔氏
黄子才妻周氏
黄思周妻洪氏
黄于才妻李氏
黄恕八妻陸氏
黄紅發妻嚴氏
黄金城妻張氏
黄光希妻韓氏
黄紹極妻沈氏
黄兆龍妻陳氏
黄兆鰲妻李氏
黄應鐘妻傅氏
黄釗妻虞氏
黄鈇妻施氏
黄石召妻韓氏妾許氏
黄國樞妻朱氏

黃重協妻陳氏
黃澄清妻呂氏
黃開文妻羅氏
黃渭繼妻胡氏
黃含貞妻毛氏
黃旦若妻胡氏
黃剛妻胡氏
黃式虔妻沈氏
黃德輝妻胡氏
黃錦鳳妻王氏
黃作雲妻邵氏
生員黃金元繼妻張氏
黃雲衢妻夏氏
黃周興妻孫氏
黃如軾妻毛氏
黃一聲妻羅氏
黃大定妻陳氏
黃大昌妻何氏
黃汲三妻羅氏
黃大洽妻陳氏
生員黃文韶妻孫氏
黃德垕妻洪氏

黃重華妻婁氏
黃廷幸妻胡氏
黃貞乾妻鄔氏
黃日增繼妻章氏
黃璸妻李氏
黃志仁妻陳氏
黃俊秀妻孫氏
黃惺妻魯氏
黃懋妻余氏
黃泰模妻應氏
黃厚信妻羅氏
黃安舒妻潘氏
黃大勳妻胡氏
黃煒陽妻邵氏
黃秦南繼妻胡氏
黃龍妻鄭氏
黃周妻魯氏
黃禮明妻魯氏
黃金枝妻沈氏
黃金櫃妻戚氏
黃肇燦妻邵氏
黃于高妻楊氏

黃銓斛妻韓魯氏
黃大椿妾錢氏
黃廷英妻殷氏
黃在秀妻徐氏
黃開後繼妻徐氏
黃球妻施氏
黃錦元妻李氏
黃錦耀妻劉氏
黃秉貴妻徐氏
黃文懷妻魏氏
黃廷珩妻孫氏
黃則塤妻姜氏
黃漢進妻沈氏
黃師幹妻陸氏
黃廷焞妻胡氏
黃元魁妻盧氏
黃炳南妻趙氏
黃德華妻戚氏
黃汝炎妻陸氏
生員黃肅瞻妻朱氏（朱一作宋）
黃彥德妻毛氏
黃元吉妻經氏

黃一鳳妻劉氏
黃大津妻俞氏
黃錦妻沙氏
黃濟忠繼妻周氏
黃思恩妻魯氏
黃士模妻徐氏
黃涵光妻李氏
黃學清妻葉氏
黃文起妻邵氏
黃鳳陽妻夏氏
黃則銑妻邵氏
黃作義妻姜氏
黃長清妻史氏
黃仁元妻陳氏
黃文萃妻汪氏
黃錦芳妻姜氏
黃廷勳妻張氏
黃維馨妻韓氏
黃應龍繼妻宋氏
黃主實妻姚氏
黃錫彪妻楊氏
黃成樞妻邵氏

黃守高妻童氏
黃厚豐妻姜氏
黃金書妻鍾氏
黃心粹妻朱氏
黃秀凡妻魏氏
黃國良妻陳氏
黃世翰妻孫氏
黃超然妻陸氏
黃振國妻龔氏
黃春樹妻勞氏
黃殘妻周氏
黃履中妻朱氏
黃還妻羅氏
黃文樞妻龔氏
黃在楨妻謝氏
監生黃文濬妻王氏
黃瑞麟妻沈氏
黃鶴堂妻韓氏
監生黃經繼妻朱氏
黃孝儒妻張氏
監生黃世爕妻史氏
黃瑞林妻沈氏

黃溶卿妻施氏
黃成章妻胡氏
黃一濤妻邵氏
黃周翰妻俞氏
黃廷榮妻陸氏
黃貽茂妻鄭氏
黃志水妻張氏
黃江汝妻單氏
黃安清妻陳氏
黃烈先妻趙氏
黃初庸妻戴氏
黃鳳四妻龔氏
黃椿翰妻沈氏
黃則坪妻史氏
黃立高妻吳氏
生員黃廷彝妻夏氏
從九品黃增祥妻施氏儷史
黃肇邦妻史氏
黃寶箘妻張氏
黃濬卿妻徐氏
黃如茂妻莫氏
黃桂芳妻徐氏

從九品黃炎妻沈氏
黃聯慶妻孫氏
黃中正妻張氏
監生黃蘭慶妻史氏
黃泰安妻陳氏
黃企桂妻朱氏
黃咊保妻謝氏□□妻□氏
黃子楠妻朱氏
黃進十六妻王氏
黃進廿三妻金氏
黃叢木妻徐氏
黃龍泉妻施氏
黃文朋妻馮氏
黃傳妻趙氏
黃景南妻張氏
黃維盛妻張氏
黃榮緒妻何氏
黃宗愷妻陳氏
黃文燮妻孫氏
黃履悅妻周氏
黃泗儒妻張氏
黃煥文妻車氏
黃瑞麟妻方氏
黃炳奎妻韓氏
黃元瑞妻倪氏
黃綱妻胡氏
黃椿裔妻楊氏
黃通元妻孫氏
黃志涵妻沈氏
監生黃文轅妻沈氏
黃進廿一妻李氏
黃允恭妻聞人氏
黃生陽妻張氏
黃進十妻陳氏
黃成九妻陳氏
黃周士妻周氏
黃子尙妻沈氏
黃成緒妻褚氏
黃之昭妻盧氏
黃智妻周氏
黃心傳妻陳氏
黃朝正妻陳氏
黃周六妻陳氏
黃君仁妻汪氏

黃新之妻邵氏
黃之達妻蘇氏
黃壽春妻吳氏
黃亍升妻朱氏
黃寶森妻徐氏
黃景風妻汪氏
黃茂興妻童氏
黃士高妻韓氏
黃仲豪妻徐氏
黃朝輝妻施氏
黃觀瀾妻史氏
黃松齡妻杜氏
黃懷春妻韓氏
黃成偉妻翁氏
黃仲聖妻蘇氏
黃瞻明妻呂氏
黃福寶妻陳氏
黃有寶妻蕭氏
附貢生黃鑑妻馬氏
黃順泰妻胡氏
唐玉林妻吳氏
姜尚二妻裘氏

黃文烺妻樓氏
黃景辰妻韓氏
黃春臺妻吳氏
黃習之妻趙氏
黃必壽妻周氏
黃伯桃妻陳氏
黃學詩妻方氏
黃大成妻方氏
黃元通妻許氏
黃廣勳妻諸氏
黃清廉妻吳氏
黃金林妻胡氏
黃秀德妻盧氏
黃啓元妻葉氏
黃晉泰妻毛氏
監生黃世瑢妻吳氏
黃百裿妻勞氏
黃炎珠妻胡氏
黃□□妻□氏
黃永森妻施氏
唐陽和妻沈氏
姜珙妻夏氏

姜槐妻張氏
姜濠妻徐氏
姜雲鳳妻魯氏
姜大節妻陳氏
姜基母金氏
姜升陽妻朱氏
姜應鳩妻袁氏
姜景長妻史氏
姜文盛妻李氏
姜鈞妻袁氏
姜之瑕妻沈氏
姜坦妻金氏
姜繩祖妻周氏
姜廷樑妻史氏
姜得仁妻陳氏
姜泰裔妻王氏
姜自銘妻倪氏
姜載能妻邵氏
姜在先妻韓氏
監生姜鼇繼妻徐氏
姜啓元妻韓氏
監生姜兆璜妾施氏

姜漸妻韓氏
姜潤妻顧氏
姜景妻黃氏
姜克慎妻方氏
姜肇陽妻夏氏
姜錫妻魏氏
姜思明妻鮑氏
姜景華妻周氏
姜詩豪妻許氏
姜錧妻顧氏
姜大明妻陳氏
姜公錦妻祝氏
姜生申妻吳氏
姜大來妻金氏
姜天柱妻葉氏
姜琁妻唐氏
姜士麟妻何氏
姜大本妻鍾氏
姜鳳岳妻顧氏
姜聯璧妻張氏
姜□□妻□氏
職員姜朝陽妻沈氏

職員姜荆河妻周氏
姜迪泉妻黃氏
姜寶藏妻黃氏
職員姜載坤妻翁氏
姜麟時妻陳氏
姜凝道妻李氏
姜如桂妻董氏
監生桑洪行妻謝氏
監生桑舜南妻謝氏
桑梯妻周氏
布理問銜桑揚妻張氏
桑萬盛妻熊氏
汪國安妻方氏
汪若泳妻周氏
汪時翰妻陳氏
汪□□妻□氏
汪鉅妻萬氏
汪□□妻□氏
汪自崑繼妻鄒氏
汪大川妻張氏
汪克勤妻朱氏
汪玉標妻張氏

姜漢江妻趙氏
監生姜聯芬妻沈氏
監生姜聯煥妻吳氏
姜克明妻陳氏
姜應生妻袁氏
姜麟厚妻徐氏
姜聯桂妻張氏
桑鼎馨妻戎氏
職員桑烈揚妻陸氏
桑其海妻宋氏
桑兆甲妻丁氏
郡庠生汪鉅妻萬氏
汪維馥妻范氏
汪浩美妻謝氏
汪□□妻□氏
汪□□妻□氏
汪□□妻□氏
汪友才妻柴氏
汪聖游妻陳氏
汪維翰妻黃氏
汪若淮妻吳氏

從九品汪若潮妻朱氏
汪口妻口氏
汪深妻錢氏
湯汝梁妻袁氏
湯春林妻羅氏
成懷嶽妻郭氏
丁汝貞妻許氏
丁紹溶妻周氏
應口妻黃氏儣姃
應其清妻陳氏
曾燦章妻楊氏
監生滕元陽妻茅氏
監生滕元順妻朱氏
劉之泮妻符氏
增生劉錦堂妻謝氏
劉可定妻陳氏
劉彩麟妻熊氏
劉錦芳妻應氏
劉邦淮妻周氏
劉鍔妻熊氏
監生劉燕堂妻周氏
劉星壇繼妻褚氏

汪桂馨妻吳氏
汪文炳妻章氏
汪春來妻何氏
監生湯傳一妻呂氏
成浩妻俞氏
丁世恆妻陳氏
應瑞龍妻曹氏
滕元春妻魯氏
劉肇榮妻周氏
劉元勳妻章氏傽張一
劉兆泰妻沈氏
劉國治繼妻徐氏
劉朝綱妻魏氏
劉禮備妻魏氏
劉寶生妻陳氏
監生劉燮堂妻李氏
劉如玉妻熊氏

劉梓村繼妻王氏
職員劉蘭堂妻韓氏
劉照文妻宋氏
劉嘉才妻毛氏
周諸嵋妻蘇氏
周尊一妻景氏
周翼謀妻謝氏謝氏府志一作李氏
周遜先妻韓氏
周遐音妻鄔氏遐音吳大本闡幽錄作遐昌
周林妻王氏
周照妻毛氏
周艮佩妻許氏
周瑾妻高氏
周大志妻陳氏
周國華妻諸氏
周奕世妻何氏
周時雨妻朱氏
周孔傳妻葉氏
周以忠妻鄒氏
周邦翰妻陸氏
周三賢妻徐氏
周文和妻謝氏

劉仁茂妻翁氏
劉連陞妻諸氏
劉蒸文妻錢氏
周日庠妻鄒氏
周晉國妻毛氏
周起鴻妻楊氏
周天授妻何氏
周詢之妻阮氏
周潤妻朱氏
周奇寰妻張氏
周則敬妻潘氏
周爾嘉妻孫氏
周學豐妻黃氏
周林妻吳氏
周鳳翔妻殷氏
周惟迪妻任氏
周爲燗妻施氏
周信題妻吳氏
周學泗妻謝氏
周鏞妻方氏

周盈業妻馬氏
周學超妻嚴氏
周廷美妻許氏
周紹榮妻于氏衎干一
周熤繼妻張氏
周鳴邦繼妻邵氏
周光源妻馬氏
周恆彰妻馬氏
周恆道妻王氏
周均符妻方氏
周圭節妻謝氏
周鈖妻楊氏
周秀文妻于氏
周永禧妻諸氏
周鏞如妻黃氏
周元妻童氏
監生周維崧妻鄭氏
周則富妻莊氏
周坤道妻岑氏
周希濂妻徐氏
周鶴輪妻許氏
周開福妻曹氏
周瑞生妻熊氏
周鶴樓妻葉氏
周立本妻熊氏
周倍五妻馬氏
周開元妻龔氏
周元貞繼妻姚氏
周桂洲妻張氏
周雲產妻孫氏
周雲漢妻孟氏
周允昌妻邵氏
周賢書妻于氏
周雲錦妻沈氏
周學成妻洪氏
周名妻楊氏
周世堂妻諸氏
周友英妻丁氏
周鎬妻景氏
周承濂妻戚氏
周作舟妻謝氏
周登標妻符氏
周震妻馮氏
周秉才妻虞氏

周文照妻楊氏
周文燭妻陳氏
周燮妻郎氏
周振文妻張氏
周俊才妻章氏
周炫繼妻李氏
周光林妻吳氏
周鶴峙妻施氏
周起棠妻戚氏
周孝瑞妻陳氏
周瑢妻張氏
周商臣妻陳氏
周長春妻薛氏薛一作蔣
周渭妻岑氏
周嘉云妻沈氏
周鐸妻戚氏
周錦友妻宋氏
生員周思棠繼妻嚴氏
周啟宗妻陸氏
周酉山妻吳氏
周漢瑞妻胡氏
周文淵妻李氏

周文煜妻楊氏
周連妻符氏
周尙珍妻張氏
周垣妻徐氏
周燧妻方氏
周禮謙妻戚氏
周麟妻張氏
周文鶴妻吳氏
周同生妻謝氏
周兆騶妻胡氏
周瑜妻陳氏
周鶴年妻蔣氏
周源春妻劉氏
周正榮妻陳氏
周名傳妻鄭氏
周廷琮妻盧氏
周靜川妻戚氏
周清源繼妻吳氏
周鳳儀妻楊氏
周文元妻魏氏
周作乂妻熊氏乂一作文
周元攀妻趙氏

周士相妻楊氏
監生周芝之生妻房氏
周必貴妻徐氏
周玉瑤妻余氏
周正萬妻葉氏
周世能妻方氏
周育端妻金氏
周元相妻桑氏
從九品周舜成妻謝氏
周姚奎繼妻毛氏
周星標妻李氏
周文妻岑氏
周餘書妻曹氏
周玉球妻胡氏
周漢侯妻陳氏
周大增妻方氏
周民章妻符氏
邵鑑妻禹氏
邵桂青妻陳氏
邵五福妻陳氏
邵學源妻朱氏
邵聖裁妻馮氏

生員周楨妻岑氏
周奎妻張氏
周世信妻韓氏
周開仁妻黃氏
周尙善妻蔡氏
周福鴻妻徐氏
周全餘妻黃氏
周以美妻徐氏
周在忠妻魏氏
周長春妻孫氏
周學洲妻任氏
周文澄妻韓氏
周長泰妻姜氏
周鳳來妻施氏
周瑞芳妻董氏
周安義妻楊氏
周鉉順妻韡氏
邵士求妻張氏
生員邵汝榮妻葉氏
邵學淵妻朱氏
邵鍾秀妻黃氏

樓孟宏妻趙氏
樓月潮妻陳氏
樓鴻昌妻周氏
樓鴻運妻宋氏
樓鴻潮妻吳氏
樓占岳妻施氏
鄒光紀母郁氏
生員鄒朝簪妻朱氏朝簪舊志作瀛簪今據鄒譜更正
鄒宗巖妻王氏
鄒積成妻吳氏
監生鄒在學妻張氏
鄒傳林妻齊氏
生員鄒國華妻姜氏
鄒濟源妻魏氏
鄒登庸妻羅氏
鄒桂山妻史氏
鄒含英妻韓氏
鄒寶初妻禹氏
林歐妻張氏
林士秀妻岑氏
林大豐妻張氏
林瑞芝之妻何氏

樓士奇妻韓氏
樓雲步妻施氏
樓鴻儒妻胡氏
樓兆吉妻韓氏
樓維銓妻姜氏
樓廷輝妻楊氏
鄒挺妻柳氏
生員鄒晏三妻倪氏
監生鄒在倫妻韓氏
鄒桂芳妻陳氏
鄒含芬妻史氏
鄒宗標妻徐氏
鄒夢庚妻孫氏
鄒繼魁妻張氏
鄒愛甫妻徐氏
鄒承照妻張氏
鄒承慶妻陳氏
林琰妻姚氏
林煊妻朱氏
林聖傑妻谷氏

金瑗妻史氏　金安仁妻陸氏
金爲仁妻史氏　金士奇妻吳氏
金元善妻陶氏　金開圻妻潘氏
金鄒新妻翁氏　金其祥母戴氏
金聖鉅妻朱氏　金煥妻胡氏
監生金文運妻朱氏　金臨之妻盧氏
金世俊妻施氏　金士學妻汪氏
金學海妻魯氏　金世恆妻朱氏
金垂經妻陸氏　金福映妾張氏
金垚妻馮氏　金學英妻鄒氏
金寶章妾胡氏一作妻　金承慶妻陳氏
金榮元妻嚴氏　金垂倫妻張氏
岑士儀妻王氏　岑朱雯繼妻魯氏
岑尙禮妻吳氏　生員岑鏞妻羅氏
岑文駿妻翁氏　岑文翼妻王氏
岑景山妻孫氏　岑口口妻口氏
岑繩祖繼妻孫氏　岑秉道繼妻潘氏
岑夢蘭妻余氏徐一作俞　生員岑夔陽妻羅氏
岑乃忻妻孫氏　岑錫妻蔡氏
生員岑毓豪妻趙氏　岑奕渭妻王氏
生員岑呂祖妻周氏　岑雲巖妻潘氏
岑元贊妻丁氏　岑元鳳妻周氏

岑安孟妻高氏
岑在茲妻黃氏
岑省浩妻孫氏
岑在淵妻孫氏
岑鼎勳妻方氏
贈文林郎岑澄清妻羅氏
從九品岑國祥妻孫氏
岑元綸妻宋氏
岑迎祥妻史氏
監生岑繼岡妻曹氏
岑維英妻伍氏
岑禹鈞妻勵氏
岑寶瓀妻余氏
岑在源妻胡氏
岑忠寶妻楊氏
岑樹榛妻胡氏
岑在藪妻鄒氏
任泰宇妻石氏
任銓妻嚴氏
任□□妻□氏
任大鋐妻陳氏
任聖模妻陳氏

岑文榮妻周氏
岑樹德妻胡氏
岑在陽妻胡氏
岑蘭英妻胡氏
監生岑浩繼妻孫氏
岑彪妻施氏
岑九忭妻孫氏
岑在明妻余氏
岑寅清妻羅氏
岑兆鷹妻周氏
生員岑嵐妻宋氏
岑寶詩妻王氏
岑羅富妻周氏
岑文增妻周氏
岑忠生妻楊氏
岑乃艮妻胡氏
岑林儒妻羅氏
任叔賢妻蔣氏
任爊妻嚴氏
任□□妻□氏
監生任彩高妻楊氏
任雲祥妻干氏

任允章妻鄭氏
任爛妻阮氏
任志香妻愼氏
任克成妻姚氏
嚴景千妻韓氏
嚴圻妻韓氏
生員嚴怡妻韓氏
嚴廷璋妻盧氏
嚴朝元妻陳氏
嚴誕先妻孫氏
嚴楚南妻胡氏
嚴開發妻俞氏
嚴升聞妻胡氏
嚴承恩妻褚氏
嚴樹琳妻李氏
嚴鋹妻陳氏
嚴靜寰妻宋氏
嚴世則妻馬氏
嚴泳妻許氏
郡庠生嚴立道妻史氏
嚴治妻陳氏
嚴肇龍妻金氏

五品封任梅繼妻謝氏
職員任炳奎妻謝氏
任福雲妻賈氏
嚴繼芳妻魏氏
嚴仲陟妻鄒氏
嚴津妻孫氏
生員嚴陛妻鄒氏
嚴士宏妻鄭氏
嚴銘妻鄭氏
嚴日華妻胡氏
嚴開運妻孫氏
嚴安之妻符氏
嚴篪偕妻周氏
嚴樹璋妻許氏
嚴國才妻顧氏
嚴士端妻吳氏
嚴秉虎妻周氏
嚴鳳祥妻鄒氏
嚴德輝妻胡氏
嚴多聞繼妻毛氏
嚴天寶妻何氏
嚴玉仁妻黃氏

嚴則泉妻宋氏　監生嚴則濱繼妻張氏
嚴文美妻俞氏　嚴鎔堂妻岑氏
嚴道修妻黃氏　嚴我修妻毛氏
生員嚴璆妻陳氏　從九品嚴琬妻錢氏
嚴悅仁妻陳氏　監生嚴則康繼妻胡氏
嚴玨妻史氏　嚴則華妻盧氏
嚴立德妻陸氏　生品捐六嚴學誠妾張氏
嚴振綱妻楊氏　嚴樵妻謝氏
貢生嚴琛繼妻金氏　嚴世成妻史氏
嚴啟明妻周氏　嚴欽和妻黃氏
嚴鑑堂繼妻傅氏　嚴維清妻徐氏
董□□妻□氏　董開泰妻張氏
董用禮妻宋氏　監生董汝楫繼妻諸氏
董秀文妻魏氏　董雅垂妻任氏
董士輿繼妻孫氏　監生董汝器妻姚氏
董作芳妻毛氏　董用和妻楊氏
孔□□妻□氏
史義桂妻張氏妾毛氏　史義科妻胡氏
史節斌妻朱氏　史祖義妻朱氏
史隱上妻沈氏　史義方妻張氏
史孝義妻茅氏　史積旺妻胡氏
史義合妻朱氏　史元義妻韓氏

史善法妻胡氏
史義才妻余氏
監生史寶森妻黄氏
史義仁妻許氏
史悠旋妻羅氏
史善成妻勞氏
史善旌妻施氏
史積初繼妻馬氏
史積慶妻周氏
史義忠妻朱氏
史積棠妻郭氏
史致林妻徐氏
史亦讓妻朱氏
史致欽妻谷氏
史善達妻任氏
史致壎妻宋氏
史義傳妻華氏
史成章妻韓氏
史善慶妻戴氏
史悠疆妻葉氏
史悠鵬妻孟氏
李家栢妻張氏

史善行妻胡氏
史康三妻王氏
史積豐妻黄氏
史鈺繼妻徐氏
史在臣妻莫氏
史茂敷妻毛氏
生員史承嶼妻徐氏
職員史致莊妻錢氏
史聞善妻金氏
史積來妻姜氏
史善源妻徐氏
史榮城妻楊氏
史致培妻魯氏
史悠遠妻邵氏
史善耀妻葉氏
史致文妻陳氏
監生史楨妻葉氏妾于氏
史在道妻韓氏
史致進妻胡氏
史文煓妻張氏
史名義妻沈氏妾王氏
李成龍妻楊氏

李家學妻趙氏
李君成妻趙氏
李虎侯妻周氏
李權妻章氏
李世珍妻施氏
李世琢妾梁氏
監生李賢豪妻謝氏
李思槐妻陸氏
李賢儒妻蔡氏
李元洪妻朱氏
李秀硯妻魏氏
李芳標妻魏氏
呂深之妻邵氏
呂繼業妻張氏
呂一郎妻徐氏
呂鶴鳴妻盧氏
呂思鎬妻張氏
呂承治妻陳氏
呂書紳妻孫氏
呂清妻華氏
四品銜呂文德妻葉氏
呂承淇妻葉氏

李思皇妻潘氏
李守妻汪氏
李守德妻丁氏
李世文妻朱氏
監生李雲擎妻宋氏
李元諾妻吳氏
貢生李□世妾潘氏
李如椿妻胡氏
李元旺繼妻蔣氏
李雀硯妻沈氏
李文英妻胡氏
李方鑑妻周氏
呂奏大妻胡氏
呂斐公妻袁氏
呂鶴齡妻周氏
呂吉賢妻朱氏
呂誠和妻陳氏
呂壽妻諸氏
呂莘舟妻婁氏
呂應圻妻吳氏
呂觀容妻張氏
呂崑源妻張氏

呂詩悅妻陳氏
呂東海妻劉氏
呂之楨妻陳氏
褚幸遷妻邵氏
褚允中妻黃氏
褚開泰妻何氏
褚兆賢妻趙氏
褚國明妻朱氏
褚宗漢灝妻孫趙氏
褚宇守和常妻吳吳氏　媳胡氏
褚應奇妻王氏
褚熙文妻葉氏
褚文衜妻吳氏
褚登陛妻夏氏
褚廷冕妻蔡氏
褚景山妻許氏
褚登銘妻金氏
褚志亮妻方氏
褚廷彥妻魏氏
褚登庸妻盧氏
褚讓木妻張氏
褚顯揚妻張氏

呂作梁妻樓氏
呂圻妻吳氏
呂貽才妻周氏
褚興文妻魏氏
褚鉎泰妻黃氏
褚欽安妻方氏
褚瑞秀妻姚氏
褚昌懋繼妻吳氏
褚松亭妻茅氏
褚錦標妻張氏
褚松喬妻邵氏
褚錦城繼妻戚氏
褚坤岳妻胡氏
褚國彩妻施氏
褚椿楹妻周氏
褚新猷妻符氏
褚志榮妻魯氏
褚仁義妻朱氏
褚堂妻鄭氏
褚柏堂繼妻戚氏
褚雨傳妻茅氏
褚廷推妻張氏

褚熙敬金鏊妻邵馬氏
褚金水泉妻沈胡氏
褚鳳美繼妻魏氏
許振綱妻周氏
許廷獻妻蘇氏
許汝賛妻馮氏
許日棟妻胡氏
許國坤妻陳氏
許學潮妻張氏
許弄瓚妻樓氏
許錫元妻徐氏
許瑞璜妻吳氏
禹文明妻馬氏
禹嘉傳妻孫氏
鄔應高妻陳氏
貢生鄔佩珍妻朱氏
鄔德坊妻岑氏
魯益生妻周氏
作祥林干干氏文作氏
魯學潮妻盧氏
魯大勤妻王氏
監生魯美藏妻葉氏

褚鳳來妻張氏
褚文清繼妻黃氏
褚倘悌妻何氏
許武城妻吳氏
許元足妻楊氏
許端人妻徐氏
許應賢妻翁氏
許盈書妻葉氏
許治本妻徐氏
許清陞妻黃氏
許懷藴妻胡氏
許寶清妻胡氏
禹卓珊妻朱氏
鄔邑周妻鄭氏
鄔德幹妻劉氏
魯祥麟妻干氏祥麟汪輝祖表徵錄
魯鳴璋妻童氏
監生魯如參妻何氏
魯佩三妻孫氏
魯國華妻倪氏

魯是椿妻陳氏

魯永禎妻聞人氏

魯烱妻王氏

魯廷模妻黃氏

魯士佩妻王氏

魯宇良妻徐氏

魯在清妻朱氏

魯大惠妻龔氏

魯城妻張氏

魯廣才妻黃氏

魯聲樹妻金氏

魯廷獻妻黃氏

伍聖明妻周氏

伍廷儀妻徐氏

杜廷佐妻葉氏廷佐府志作廷臣

解紹美妻陳氏

阮璐妻羅氏

阮善棠妻周氏

八品銜阮光初妻劉氏

趙心一妻陳氏

趙敷文妻華氏

趙懷遠妻徐氏

魯以陞妻謝氏

魯烱安妻桑氏

監生魯祥雲妻徐氏

魯廷楷妻王氏

魯宗旦妻王氏

監生魯可堂妻沈氏

魯承照妻徐氏

魯雲庵妻陳氏

魯廷揩妻沈氏

魯聖鑑妻周氏

魯金魁妻張氏

伍大館倓妻陳岑氏

伍玉麟妻胡氏

伍鳳喈妻胡氏

杜邦允妻李氏

監生阮祖綬妻陳氏

五品銜河南候補縣阮竹軒妻戚氏

阮禮賢妻徐氏

趙時燧妻熊氏

趙日昂妻潘氏

趙奎文妻岑氏

趙得時妻陸氏
監生趙杜妻呂氏
趙文樞妻褚氏
監生生趙汝梅妻毛氏
趙國正妻鄭氏
趙德進妻褚氏
生員趙琦繼妻洪氏
趙業恩妻鄭氏
趙長安妻邵氏
趙邦安妻陸氏
趙功泉妻吳氏
趙歷年妻邵氏
生員趙臚昌繼妻張氏
趙長寅妻施氏
監生生趙鉦之妻朱氏
趙杲妻陳氏
趙理堅妻鄭氏
趙漢柱妻羅氏
趙承芳妻方氏
晁鶴洛妻酈氏
鮑履泰妻朱氏
馬啟正妻戚氏

郡庠生趙光炘妻施氏
趙士禮妻方氏
趙陛妻周氏
監生趙汝桂妻周氏
趙得洽妻周氏
生員趙連城妻鄭氏
趙文浩妻毛氏
儒士趙學城妻景氏
趙功浩妻金氏
趙寶春妻顧氏
趙孟霖妻戚氏
趙拱琴妻金氏
監生趙日辰妻徐氏
趙康年妻黃氏
趙如欽妻徐氏
趙光亨妻褚氏
趙邦寧妻褚氏
趙配球妻蔣氏
趙承先妻李氏
晁鶴洲妻霍氏
鮑士富妻嚴氏
馬志元妻黃氏

馬文光妻沈氏
馬季遴妻黃氏
武進士馬仁勇繼妻岑氏
馬機妻楊氏
馬英妻胡氏
馬雲亭妻施氏
馬日艮妻謝氏
馬殿學妻陸氏
馬錦章妻符氏
馬承橋妻胡氏
馬如林妻梅氏
馬光仁妻施氏
馬啟元妻魯氏
馬志善妻劉氏
監生馬懷榮妻陳氏
馬麟書妻蔣氏
馬源漢妻沈氏
馬世科妻張氏
賈朝清妻沈氏
蔣懋第妻劉氏
蔣天銘妻黃氏
蔣允文妻徐氏

馬旭如妻褚氏
馬宣義妻沈氏
馬玖璋妻沈氏
馬廷玉妻龔氏
馬連城妻陳氏
馬谷蘭妻張氏
馬殿書妻阮氏
馬椿年妻熊氏
馬洪道妻謝氏
馬煥然妻葉氏
馬談然妻沈氏
監生馬槐妻許氏
馬學友妻龔氏
童生馬汭妻陳氏
馬源海妻沈氏
馬顯標妻魏氏
馬鈿妻夏氏
馬成法妻沈氏
蔣拱辰妻陳氏
蔣德謙妻褚氏
蔣明揚妻沈氏

蔣爚妻邵氏
蔣占鰲妻陳氏
蔣懷榮妻邵氏
蔣廷琪妻徐氏
蔣庭梅妻田氏
蔣舒泰妻陳氏
蔣履坪妻孫氏
從九品蔣恆燾妻應氏
蔣斌潤妻李氏
蔣書麟妻吳氏
蔣熙春妻王氏
蔣嗣才妻田氏
蔣堯麟妻陳氏
蔣桂堂繼妻毛氏
蔣配麟妻沈氏
景魁妻戚氏
景禹良妻吳氏
舉人景傳績妻趙氏
景雲妻吳氏
沈紀泰妻戚氏
沈民則妻戚氏
沈恆源妻杜氏

監生蔣廷柱妾謝氏
監生蔣南耀妻鄒氏
蔣維楨妻施氏
蔣金良妻戚氏
蔣志龍妻夏氏
蔣慶麟妻孫氏
蔣錦文妻施氏
蔣祥和妻倪氏
蔣丙槐繼妻袁氏
蔣信麟妻華氏
候選縣丞蔣慶瑞妻戚氏
蔣宇貴妻史氏
蔣珍華繼妻何氏
蔣儒麟繼妻祝氏
蔣鍾英妻江氏
廩生景雲妻莫氏
景鏞之妻韓氏
監生景大浩妻張氏
壽天保妻馬氏
沈紀豐妻毛氏
沈士鉉妻周氏
沈其位妻蔡氏

沈廷瑚妻黃氏黃一作王
沈維寧妻戚氏
沈振定繼妻陳氏
沈懷元妻蔣氏
沈士琦鏞妻岑阮氏
沈鋐序妻周氏
沈兆魁妻羅氏
監生沈知安妻張氏
沈銘妻蔣氏
沈炳文妻顧氏
沈古三妻蔣氏
沈運文通妻岑駱氏
沈汝南妻朱氏
沈錦黼妻羅氏
沈徵謀妻韓氏
沈富春妻徐氏
沈元勳妻孫氏
沈作臣妻胡氏
廸功郎沈煌妻孫氏
沈開運樂妻張陳氏
沈志縱妻邵氏
候選九品從沈杲妾顧氏顧一作顔

沈文燦思妻嚴邵氏
沈名選妻嚴氏
沈桂妻王氏
沈惟清妻胡氏
沈鋐妻周氏
沈浩妻周氏
沈國寧妻孫氏
沈艮國鄹妻房徐氏
沈孔嘉妻嚴氏
沈鳴鶴妻周氏
沈元熙妻金氏
沈職卿妻徐氏
沈士鏌繼妻李氏妾華氏
沈永鏻妻夏氏
沈廷熙妻樓氏
沈慶耀妻田氏
監生沈景澐繼妻潘氏
沈和山妻嚴氏
沈樹槍妻董氏
沈志培妻勞氏
沈士銑鉦妻翁陳氏
沈志範妻虞氏

沈天義繼妻孫氏
沈蘭春妻羅氏
沈廣福妻夏氏
沈光裕妻謝氏
郡賓沈福元繼妻張氏
沈三友妻戚氏
沈明通妻勞氏
沈福賢妻羅氏
郡庠生沈葵妻史氏
沈紹能妻姚氏
沈昌茂妻黃氏
沈國棟妻王氏
沈枋懋妻袁楊氏
沈嘉勤妻蔣氏
沈福榮妻陳氏
沈紀德妻馮氏
沈文奎鏞妻吳陳氏
沈國棟妻袁氏
沈桂亨妻陳氏
沈玖妻盧氏
沈忠良妻胡氏
沈光成妻陳氏

沈春生妻王氏
沈天喜妻徐氏
沈光耀繼妻葛氏
監生沈德潤妻諸氏
沈文瀛鈺妻胡李氏
沈惶妻余氏
沈福田妻夏氏
沈森妻馮氏
沈紹先妻唐氏
沈醉六妻王氏
監生沈永嘉妾任氏
沈如炎妻項氏
沈君宣妻黃氏
沈萬培妻何氏
沈啟泰妻魏氏
沈占熊妻戚氏
沈茂昇妻羅氏
沈漢茂妻史氏
沈成濠沅妻陳徐氏
沈賢章妻施氏
沈明忠可妻吳陳氏
沈□□妻吳氏

沈鼎茂妻黃氏
宋履謙妻楊氏
宋文佐妻張氏
茹練樂宋竹軒妻孟氏
宋洋澧妻徐氏
宋行三妻岑氏
宋廷銓妻施氏
宋昌仁妻陳氏
宋椿妻郎氏
宋洋曾妻諸氏
宋琴襄繼妻童氏
宋以楷妻鄔氏
宋百春妻毛氏
宋占臣妻戚氏
宋開坊妻曹氏
宋年初妻沈氏
從九品宋愛棠妻沈氏
宋松茂妻吳氏
宋大年妻周氏
從九品宋祥初妻孫氏
宋廷華妻魯氏
宋德昌妻呂氏

沈紀春妻葉氏
宋君秀妻沈氏
宋行可妻陸氏
宋國章妻謝氏
宋文照妻黃氏
修職郎宋典雅妻丁氏
宋以桐妻呂氏
宋國盛妻程氏
宋如乾妻周氏
宋昌釗妻于氏
宋仲嬰妻王氏
宋思孝妻陳氏
監生宋承璟繼妻姚氏
宋嗣盛妻黃氏
宋紹桂妻丁氏
宋靜山妻蘇氏
從九品宋亢宗妻胡氏
宋東昇妻施氏
宋泉妻胡氏
宋月初妻徐氏（徐一作余）
宋巨昌妻趙氏
宋顯堂妻盧氏

宋允昌妻黃氏
宋威昌妻徐氏
宋斯美妻毛氏
龔邦佐妻徐氏
魏宗孟妻黃氏
魏鼎文妻倪氏
魏佐唐妻符氏
魏宏禮妻潘氏
魏高奇妻李氏
魏紹康妻孫氏
魏鼎妻倪氏
魏世瓚妻符氏
魏日佛妻王氏
魏守貞妻李氏
魏勇泉妻吳氏
魏大成妻宋氏
魏大皆妻周氏
生員魏人鑑妻施氏
魏珽繼妻張氏
魏學文妻謝氏
魏效書妻葉氏
吳江縣遲樅魏涵芬繼妻謝氏
魏榮泉妻朱氏
魏椿陽妻葉氏

宋杏村妻黃氏
宋晉三妻朱氏
費天佐妻張氏
魏侶泉妻黃氏
魏克宣妻胡氏
魏南屏妻樓氏
魏文瀾妻鄭氏
魏文臣妻邵氏
魏星渠繼妻胡氏
魏如月妻黃氏
魏揆玉妻朱氏
魏在新妻謝氏
魏廷球妻毛氏
魏慶雲妻胡氏
魏賁生妻祝氏
魏元瑞妻胡氏
魏元英妻王氏
生員魏厰中妾何氏
魏公望繼妻謝氏
魏維棟妻陳氏
魏維貴妻林氏
魏一成妻李氏
魏源泉妻朱氏
魏桂增妻俞氏
魏志亭妻諸氏

魏生麟妻周氏
魏邦良妻韓氏
魏六飛妻夏氏
魏若連妻羅氏
魏楚堂妻馮氏
魏陽高妻王氏
魏一雷繼妻黃氏
魏廷槐繼妻胡氏
魏來春妻戚氏
魏松山妻何氏
魏福春妻陳氏
魏天和妻戚氏
魏祥麟妻倪氏
監生魏學泉繼妻陳氏
魏福海繼妻趙氏
魏春臺妻胡氏
魏廷揚妻胡氏
魏林茂妻謝氏
魏餘慶妻張氏
魏裕標妻勞氏
顧聲鏞妻邵氏
顧寶三妻趙氏

監生魏崙泉妻周氏端繼妻葉氏
監生魏聯祥妻周氏
魏彬文繼妻許氏
魏介三妻陳氏
魏林琛妻潘氏
魏萬邦妻何氏
魏天哲茂妻陳何氏
魏如惠妻嚴氏
光祿寺署正魏貽棠妻吳氏
魏夏盛妻汪氏
魏黃鶴妻王氏
魏增寶妻謝氏
廩生魏韶正妻楊氏
生員魏晉繼妻沈氏
魏春泉妻陶氏
魏芳來妻葉氏
魏立德妻馮氏
魏茂春妻潘氏
魏應煥妻羅氏
魏茂裕春妻潘黃氏
顧恩偉妻羅氏
顧三泉妻吳氏

顧之鉞妻孫氏
顧文英妻施氏
顧思椿妻魯氏
顧元炳妻魏氏
監生顧清泉妻徐氏
傅國恆妻勞氏
生員傅國祥繼妻魏氏
監生傅懷芳妻徐氏
傅毓銘妻陳氏
傅大誼妻嚴氏
傅之統妻邵氏
傅國榮繼妻黃氏
廩生傅煥章妻唐氏
勵則臣妻孫氏
勵秉樞妻胡氏
勵作楠妻胡氏
勵志誠妻包氏
勵大干妻戚氏
厲龔聽妻胡氏
厲宗發妻孫氏
蔡德偉妻李氏
蔡志淡妻王氏

顧彙章妻陳氏
顧蔭昌妻陳氏
顧乃成妻嚴氏
顧樹藩妻吳氏
顧世祺妻施氏施一作史
監生傅毓堂繼妻張氏
監生傅之凝繼妻周氏
傅啟文妻韓氏
傅國才妻胡氏
傅之珍妻陳氏
傅國煥繼妻熊氏
傅烈揚妻張氏

勵士蘭妻嚴氏
勵巨富妻陸氏
迪功郎勵嘉龍妻龔氏
勵式琴妻胡氏
勵景法妻孫氏
厲汝聯妻葉氏
厲榮斐懷成妻孫姚氏
蔡旭如妻楊氏
蔡雲亭妻袁氏

蔡佐廷妻楊氏
生員蔡定海妻胡氏
蔡聯三妻戚氏
蔡嘉章妻羅氏
蔡望修妻陳氏（陳一作陸）
蔡開章妻何氏
監生艾鈞權妻邵氏
卞祖英妻吳氏
邵宏鑣妻陳氏
邵壁庭妻韓氏
邵梓業妻陳氏
邵敬漢妻孫氏
邵衡漢妻黃氏
邵名世妻陳氏
邵高春妻徐氏
邵君盛妻葉氏
邵宇梁妻葉氏
邵仁占妻葉氏
翰林院孔目邵棣妻施氏
邵芝妻范氏
邵洪疇妻高氏
邵匯川妻張氏

生員蔡拔萃妻趙氏
蔡士升妻熊氏
蔡啟蕃妻鄭氏
蔡秉義妻葉氏
蔡心水妻傅氏
戴笠榜妻韓氏
邵鵬雲妻高氏
諸生邵士梁妻韓氏
邵彥鉞妻徐氏
邵元鵬妻張氏
邵砥臣妻熊氏
邵基度妻胡氏妾陳氏
邵樹之妻于氏
邵鴻年妾祁氏
邵自新妻施氏
生員邵翰妻徐氏
邵海東妻萬氏
邵楣妻鄭氏
邵莊妻駱氏
邵鑑妻鄒氏
贈儒林郎邵仁繼妻王氏

邵士良妻朱氏
邵德寶妻吳氏
邵宏毅妻李氏
邵有常妻潘氏
邵文瀾妻張氏
邵芸妻史氏
邵洪妻徐氏
邵長安妻錢氏
邵玉振妻朱氏
邵應垕妻徐氏
監生邵民豫妻胡氏
邵受庸妻史氏
顧衡州邵愷妾徐氏
從九品邵文鎬繼妻孫氏
生員邵成之妻朱氏
邵是韓妻朱氏
邵□畬妻潘氏
生員邵邦梓妻陳氏
邵元嶑妻許氏
邵克思聘妻符氏
邵又杲繼妻徐氏
邵賢妻陳氏

邵璨妻王氏
邵應純妻吳氏
邵承勳妻鄭氏
邵一霖妻楊氏
邵廷玉妻王氏
邵萱妻陳氏
邵增妻沈氏
邵祖馨妻徐氏
邵士振妻朱氏
邵邦治妻謝氏
監生邵鏞妻洪氏
監生邵志鴻妻陳氏
武生邵夢魁妻張氏
生員邵夢蘭妻張氏
邵新畬妻葉氏
擴邵宗仁妻胡氏
監生邵華林妻吳氏
邵鎮妻徐氏
邵學源妻袁氏
邵斯翰妻嚴氏
邵宗本妻張氏
邵邦顯妻陸氏

邵小明妻孟氏
邵有能繼妻韓氏
邵鳳鳴妻徐氏
謝孔彰妻周氏
謝天培妻宋氏
謝程智妻諸氏
謝汝霖妻戚氏
謝廷範妻周氏
謝應聘妻戚氏
謝奎齡妻胡氏
登仕郎謝克廉妻俞氏
監生謝斗樞妻胡氏
謝占齡寅妻黃施氏
謝美英妻周氏
監生謝文俊妾姚氏
謝志學妻王氏
謝鰲雲妻戚氏
監生謝杰妻胡氏
文童謝儒懷妻毛氏
謝望如妻毛氏
儒林郎謝仁風妻王氏
謝通行妻施氏

邵王剛妻夏氏
邵開汾妻徐氏
監生邵夢周妻周氏
謝文喬妻呂氏
謝元名妻周氏
謝伯明妻陳氏
謝文典妻戚氏
謝日欽妻楊氏
謝尙忠妻趙氏
監生謝克邦繼妻嚴氏
監生謝鳳誥妻黃氏
謝安吉妻施氏
監生謝熙繼妻錢氏
謝道愷妻諸氏
謝宜照妻符氏
謝春雲妻符氏
謝寶林妻鄒氏
謝聖魁妻周氏
謝得璜妻□氏
謝朋南妻魏氏
謝文明妻周氏
謝登和妻諸氏

謝邦基妻施氏
謝衍洙妻厲氏
謝鳳元妻吳氏
謝守揚妻李氏
謝立全繼妻翁氏
謝安詩妻王氏
謝聖球妻魏氏
謝仁富妻周氏
謝在有妻何氏
監生謝占翰妻陳氏
樹敢謝慶槐妻施氏
監生謝川輝妾俞氏
監生謝吉堂妾陳氏
謝熙環妻戚氏
謝佩玖妻黃氏
謝德坊妻孫氏
謝尚清妻洪氏
謝宏德妻黃氏
謝大榮妻周氏
謝倫常妻方氏
謝嘉行妻戚氏
監生謝學謙妻洪氏

謝光炘妻陳氏
謝崑一妻錢氏
謝守墀妻周氏
謝醕和妻吳氏
謝克讓繼妻俞氏
謝應配妻陳氏
謝嗣德妻符氏
謝在明妻戚氏
謝佩珍妻戚氏
謝慶桂妻何氏
監生謝熉妾俞氏
監生謝左泉繼妻沈氏妾姒氏
武生謝嘉樹妻呂氏
四品封謝勤妻孫氏
監生謝嘉脩妻毛氏
謝宏三妻任氏
謝肇璋妻符氏
謝錦嘉妻任氏
謝君佐妻邵氏
謝廷佑妻魯氏
謝名耀妻錢氏
謝仁德妻楊氏

謝汝楫妻徐氏
謝佩珅妻戚氏
謝兆基妻勵氏
謝滄洲妻馮氏
謝金聲妻施氏
謝維潮妻魏氏
謝鳳勇妻葉氏
夏建明妻邵氏
夏文耀妻顧氏
夏炎如繼妻盧氏
夏宗仁妻沈氏
夏松心妻周氏
夏德元妻聞人氏
夏學潮妻茹氏
夏偉人妻何氏
夏其煥妻陳氏
夏如英妻朱氏
夏學儒妻何氏
夏如仁岡發妻錢范氏
夏南標妻范氏
夏成猶妻諸氏
夏培霖妻邵氏

謝嗣銘妻汪氏
謝應燧妾林氏
謝聲遠妻楊氏
謝仁茂妻楊氏
謝理茂妻楊氏
謝承昇妻符氏永昇別見舊錄誤
謝嘉傳妻戚氏
夏時妻羅氏
夏式霖妻楊氏
夏廷楷妻黃氏
職員夏長齡妻魏氏妾高氏
夏緗妻魏氏
夏澍妻謝氏舊錄謝誤作茹今更正
夏景棠妻何氏
夏時雨妻陳氏
夏鳧飛妻馮氏
夏昌翰繼妻王氏
夏夔堂妻謝氏
夏恆春妻毛氏
夏時霖妻黃氏
夏朝楨妻聞人氏
夏崧南妻沈氏

夏企賢妻王氏
夏麟來妻戚氏
夏東瑆妻陳楊氏
夏寅繼妻陳氏
華志登妻厲氏
華有良妻戚氏
職員華岭妻宓氏
華英瞻妾宓氏
華宗周妻黃氏
華我英妻羅氏
華森妻岑氏
華尙秀妻何氏
華邦模妻胡氏
華禹傳妻徐氏
華增淇妻夏氏
華奎妻淩氏
華永達妻楊氏
華邦楷妻高氏
華祖顯妻徐氏
華廷烈妻王氏
華芳桂繼妻岑氏
華芳泉妻陳氏

夏逢賢妻謝氏
夏杏林妻張氏
夏善慶妻毛氏
夏金華妻邵氏
監生華邦樞妻潘氏
華煥三妻岑氏
監生華北堂妻潘氏
監生華沅妻諸氏
華汝瞻妻馬氏
華琛妻馮氏
華汝楓妻孫氏
華世昌妻鄭氏
華廷元妻潘氏
華錦城妻羅氏
華尹熙妻黃氏
華儒齡妻胡氏
華天甫妻潘氏
華祖浩妻岑氏
華鳳集妻胡氏
華金城妻龔氏
華肇封妻孫氏
華國章妻陸氏

華鶴林妻徐氏
鄭文耀妻鄒氏
鄭茂賢妻嚴氏
鄭逵雲妻張氏
鄭天清妻周氏
鄭嘉祉妻楊氏
鄭啟賢妻袁氏
鄭宏正妻王氏
鄭鳳林妻胡氏
鄭玉琢妻黃氏
鄭艮慶妻高氏
鄭顯禰妻謝氏
鄭鳴鹿妻徐氏
鄭芝萱妻張氏
鄭九嶙妻嚴氏
鄭爲梁妻陶氏
鄭高雲妻胡氏
監生鄭偉書妻胡氏
鄭體欽妻褚氏
鄭福仁妻史氏
鄭開成繼妻徐氏
鄭[illegible]棡繼妻熊氏

鄭士鉞妻高氏
鄭錫祚妻熊氏
鄭華禮妻陳氏
鄭禮文妻嚴氏
鄭文茂妻褚氏
鄭貞妻葉氏
鄭宏學妻高氏
鄭士剛妻盧氏
鄭以綏妻陳氏
鄭聞遠妻駱氏
鄭棠妻韓氏
鄭思堂妻葉氏
鄭守清妻陶氏
鄭五聚妻徐氏
鄭彩章妻張氏
鄭金鏞妻邵氏
鄭如橫妻周氏
生員鄭懷清妻徐氏
監生鄭之佩妻徐氏
鄭攀青妻盧氏
鄭占熊妻葉氏

鄭梯謞妻胡曾氏
鄭長茂妻周氏長茂別見義民表
孟朝元妻邵氏
孟子祥妻鄭氏
鄧忠堯妻俞氏
谷麟徵妻史氏
谷光夏妻鄭氏
谷廷鎔妻徐氏
谷起鶯妻熊氏
谷廷鉞妻盧氏
谷春涵妻黃氏
陸文卜妻潘氏
陸文豐妻翁氏大本闈幽竝作達夫錄
陸見三妻谷氏
陸名文妻魯氏
陸助妻何氏
陸大宗妻趙氏
陸興儀妻湯氏
陸吉暉妻鄭氏
陸秉球妻趙氏
陸廷宰妻熊氏

鄭秀林妻周氏
鄭勳妻韓氏
孟名邦妻周氏
谷世福妻鄭氏
谷光鴻妻陳氏
谷宗燕妻徐氏
谷紹基妻徐氏
監生谷涵妾宣氏
谷廷佐妻章氏
諸生陸錦繼妻聞人氏
陸達先妻徐氏案達先乾隆府志及吳
陸希明妻胡氏
陸希曾妻翁氏
陸羽逵妻楊氏
陸大儒妻房氏
陸名邦妻魯氏
陸允中妻余氏
陸聘義妻黃氏
陸泰瞻妻蔡氏
陸大經繼妻錢氏

陸光溥妻徐氏
陸繼祖妻黃氏
陸功望妻胡氏
陸孝仁妻陳氏
陸星環妻張氏
陸家傳妻陳氏
陸賢文妻張氏
陸萬鍾妻毛氏
陸成一妻施氏
陸樹松妻朱氏
陸道盛妻許氏
監生陸錦春妻王氏
陸萬邦妻周氏
職員陸如棠妻葉氏
陸桂山妻張氏
陸鏞妻陳氏
陸懋榮妻徐氏
陸南一妻嚴氏
陸以傳妻黃氏　以義妻徐氏
陸如璋妻胡氏
祝其秀妻田氏
滑錫理妻姜氏

陸繼譜妻姜氏
陸元貞妻魏氏
陸養性妻黃氏
陸聖兆妻姜氏
陸庚吾妻許氏
陸懷德妻袁氏
陸善文妻陳氏
陸聖縱妻邵氏
陸漢源妻胡氏
陸松林妻陳氏
陸兆連妻沈氏
陸名元妻章氏
陸祖栽妻張氏
陸國珍妻洪氏　國珍別見義民表
陸聖麟妻呂氏
陸國榮妻張氏
漳平縣知縣陸熙妾屠氏
陸運妻周氏
陸以玉成妻黃氏　以康妻馬氏
陸榮芳妻鄒氏
濮宗周妻陳氏
薛國寶妻符氏

郭位遵妻葉氏
郭炎妻趙氏
郭世昌妻黄氏
霍文煥妻潘氏
霍宇堂妻周氏
莫芝椿妻周氏
戚瀾妻邵氏
戚定國妻周氏
戚斯煌妻徐氏
戚守位妻毛氏
戚友仁繼妻陳氏
戚奇甲妻徐氏
戚永嘉妻童氏
戚名遠妻周氏
戚開基妻厲氏
戚玉書妻胡氏
戚文蘭妻熊氏
戚鶴峯妻張氏
戚耀金妻周氏
戚乘雲妻陳氏
戚春鴻妻周氏
戚成舉妻張氏

郭秉哲妻熊氏
郭維貴妻符氏
郭維鏞妻韓氏
生員霍韜輔繼妻沈氏
霍以鑫妻姜氏
莫之欽妻洪氏
戚英豪妻周氏
戚光宗妻張氏
封儒林郎戚書道妻高氏
戚世瑞妻俞氏
戚倍聲妻謝氏
戚志傑妻蔣氏
戚乾先妻陳氏
戚紹光妻吳氏
戚名魁妻陳氏
戚光熠妻張氏
戚春榮妻陳氏
戚勝先妻何氏
戚永紀妻周氏
戚佩芳妻胡氏
戚懷瑾妻余氏
戚啟能妻謝氏

六品封戚學琴繼妻黃氏
監生戚恆妻楊氏
戚漢英妻宋氏
戚錦輝妻毛氏
戚金球妻蔡氏
戚書耀妻余氏
戚世煌妻王氏
戚忠芳妻謝氏
葉國福妻黃氏
葉青獻妻高氏
葉上清妻胡氏
葉世忠妻鄭氏
葉佩珩妻胡氏
葉芹妻胡氏
監生葉剛中妻朱氏
葉湯傳繼妻謝氏
葉維輝妻謝氏
葉含璐繼妻嚴氏
生員葉蘭芬妻宓氏
葉維霖妻孫氏
葉嘉會妻包氏
生員葉八龍妻胡氏
戚啟和妻周氏
戚福先妻馮氏
戚彤惠妻郝氏
戚錦瀾妻諸氏
議敘州同銜戚承志妻俞氏
戚君晟妻楊氏
戚文貴妻余氏
戚聚豐妻謝氏
葉仲芾妻徐氏
葉人和妻朱氏
葉孔照妻何氏
貢生葉椙妻沈氏
葉德懋妻范氏
葉蒸妻魯氏
葉廣湧妻邵氏
葉文江妻施氏
葉東昇妻毛氏
葉世賢妻趙氏
葉茂榮妻毛氏
葉三餘妻蔡氏
從九品葉抨妻錢氏 別見義舉
葉堂妻嚴氏

葉柏慶妻徐氏
葉含輝妻張氏
葉金鈿妻毛氏
葉漢音妻魏氏
葉金萼妻茅氏
葉傳福妻翁氏
驍騎葉圻妻沈氏斯別見妻氏表
庠生葉承霖妻吳氏
葉遐福妻蘇氏
葉季枚妻王氏
葉廣鹿妻胡氏
從九品葉坤妻宋氏
葉蓁妻謝氏
葉永齡妻厲氏

監生葉源繼妻俞氏
葉松才妻陳氏
監生葉坊妾谷氏
葉金鑑妻沈氏
葉鴻逵妻洪氏
葉含鈺妻張氏
葉維耀妻李氏
葉福林妻施氏
葉金藻妻魏氏
葉純錫妻胡氏
監生葉型妻葛氏
葉佩萱妻周氏
葉加炎妻俞氏
葉式宗妻胡氏

孝婦

明

生員朱美政妻楊氏

邑佐張振瀛妻陸氏

國朝

馮□妻謝氏謝濬女
徐□□妻□氏
朱純仁妻蔣氏

倪洪炎妻許氏
朱聖瀾妻華氏
朱士勳繼妻嚴氏

朱銘妻施氏　陳口妻施氏
楊世琦妻洪氏　楊用霖妻夏氏
汪若洙妻俞氏　阮德謙妻徐氏
謝澍生妻施氏　謝口妻楊氏宗奇女
沈濱汀妻宋氏

孝女

國朝

熊荷姐甯明女　王口姑若蘭女
朱元錦聘妻林氏　李氏邦鼎從女
謝口姑衡女　鄭儀孃
戚雅生巨照女　戚口姑志昂女
葉二姑舉人燦女適邑人洪梁
口口口
口口口
口口口
口口口
口口口
口口口

國朝

施鴻世聘妻徐氏　施世江聘妻徐氏

徐寶玉 光裕女
朱貌姑 格女
胡蓮佳聘妻陳氏
盧寶貞姑 兆琦女
陳廷篤聘妻茅氏
何□□聘妻魏氏 何續以上
王維新聘妻徐氏
黃肇綱聘妻鄭氏
黃小姑 景康女
周大姑 父佚名
李滄海聘妻徐氏
褚香姑 廷釋女
夏應坤聘妻杜氏
謝達沖聘妻沈氏
沈七姑 永才女

朱鑾聘妻趙氏
胡□姑 明良女
吳必啟聘妻徐氏
陳裕咸聘妻徐氏
姚敘明聘妻周氏
楊炳郁聘妻施氏
黃崋聘妻王氏
黃寶姑 殿揚女
黃蕙蘭 畏三女
金八姑 雨田女
褚□姑 父佚名
許寶姑 學文女
趙四姑 能一女
沈大姑 汝濱女
馬淑姑 道傳女

烈婦 節烈婦附

明

生員徐士觀妻孫氏
布經歷朱泰滄妻□氏
胡□□妻□氏

朱文衡妻邵氏
符伯理妻汪氏
胡士嚴妻羅氏

吳寅二妻王氏
俞文妻阮氏
柯靜元母李氏妻陳氏
任鵬妻口氏
盧志德妻陳氏
安憲妻董氏
王緗觀妻駱氏
郝文祥妻徐氏
葉口妻口氏案嘉靖癸丑夏四月倭寇陷臨山衛城大肆淫掠一時婦女驚惶投環赴井被執不從而死者至不勝紀而東山志僅載吳王氏盧陳氏俞阮氏安董氏柯李氏柯陳氏王駱氏郝徐氏等八口今各以夫姓冠首按類分載以歸一律

國朝

童裕慶妻胡氏
童嘉讓妻施氏
監生洪維鑰妻周氏
龔鶴秀妻羅氏
龔鼎盛妻孫氏
龔德孝妻胡氏
施汝榮妻洪氏遇賊投海死洪一作胡
施口妻翁氏
施菌堂妻口氏女二姑同殉
余文標妻徐氏
監生徐文源媳黃氏
徐長發妻魏氏
徐如才妻史氏
童阿魁妻千氏
馮沅妻孫氏
龔修裕妻陳氏
龔忠孝妻翁氏拒賊赴水死
龔毓鯨妻周氏
施詒褒妻葉氏
施邦名妻葉氏
施口妻葉氏
余致坤母岑氏女美姑同殉
徐聚洲繼妻金氏
徐培基妻邵氏邵題旌冊作陳
徐葆林妻于氏子翼堂又與孫履端同殉
徐春堂母胡氏

徐占元妻盧氏
徐芳梅妻張氏
徐觀瀾次媳張氏
徐烇妻余氏賊至死幼子慶墇同殉
武生徐龍福妻朱子
徐邦懷妻張氏
徐樹升妻蔣氏
徐南周妻婁氏
徐涵妻陸氏
徐堅如妻潘氏
徐鏤𥡝妻謝許氏
徐亨妻金氏
監生徐麟期妾黃氏罵賊自刎梅雲同殉女
徐積海妻龔氏
監生徐榮妻朱氏遇賊投河死
徐佑唐妻胡氏罵賊與子青登並被刺死
監生徐錫璋妻韓氏子罹來同殉
徐崧甫妻陳氏
諸肇連妻余氏
茹沛林妻陳氏
朱志量妻酈氏
朱祥麟妻陳氏妾陸氏子天與同殉

徐樹鼎妻黃氏
徐重倫聘妻宋氏
徐左泉妻陳氏
徐殿求妻龔氏
徐文淇妻趙氏女五姑同殉
徐端品妻呂氏
徐宏廷妻陳氏
徐雄妻朱氏
徐啟榮妻虞氏
徐龍福妻魏氏
徐還初媳黃氏
徐樹常媳岑氏王氏
徐清奎妻陳氏遇賊赴水死
徐修元妻朱氏
徐仁山妻陳氏見賊毆父拒賊遇害
監生徐周翰妻胡氏罹賊害投水死
諸仁芳妻黃氏次女小二同殉
諸孚治妻黃氏
于元盛妻周氏遇賊赴水死
朱清源妻史氏二子同殉史一作施
朱鴻魁妻毛氏子大官同殉

朱梅妻錢氏
朱章秀妻王氏拒賊自戕
朱十泗妻史氏賊焚屋赴火死
朱大聚妻口氏二子二女同殉
朱晉曾妻李氏一子同殉
朱熙然妻翁氏闖姑被戕罵賊赴水死
朱大成妻姚氏二子同殉
朱虎麟妻王氏一子一女同殉
符炳輝媳陳氏馮氏子星樞孫三官同殉
符醢忠妻陳氏
胡星瑩妻黄氏
胡樹松妻華氏
胡廷炘妻沈氏
胡阿庚妻李氏
胡士晉母徐氏
胡元寶妻王氏
胡作艮妻戚氏女沈胡氏同殉
胡裕範妻戚氏
胡春狗妻李氏
胡夢澤妾樓氏
胡澄清妻魏氏
胡奎業女張胡氏

朱星堂妻施氏
朱春林妻葉氏
朱大鼎繼妻吳氏三子同殉
朱大塏妻張氏一子一女同殉
從九品朱格妻翁氏馬賊被刺死
朱槐妻曹氏媳王氏孫媳陸氏同殉
朱福曾妻曹氏
符玉林妻王氏
胡行素妻陳氏孔媼應氏子大官同殉
胡元盛妻徐氏賊至懷子金風赴河死
胡小寶妻羅氏
胡作梁妻沈氏
胡鉅業妻魏氏
胡炳立妻孫氏遇賊赴河被鎗刺死
胡景哲妻徐氏
胡光英妻楊氏女大寶二寶同殉
胡阿庚妻張氏
胡泉木妻謝氏
胡綏之妻楊氏
胡熙祖妻陳氏
胡懷珍女王胡氏

胡春蘭妻任氏
胡清蓮妻唐氏
胡口妻符氏
舉人胡价人妻葉氏拒賊自刎死
屠正隆妻馬氏
吳翰標妻胡氏
吳坎妻葉氏
吳春狗妻張氏
吳宗培妻馮氏
盧恆均妻張氏侍姑遇賊投江死
倪阿有妻林氏
槐心源妻謝氏
陳誠鑰妻邵氏
陳鳳岐妻桑氏
陳廣才妻戚氏一女一子同殉
陳聖裕妻張氏
陳安榮妻張氏
陳元謙妻張氏
陳上達媳劉氏
陳志昂妻龔氏
陳必相妻唐氏
陳如江妻張氏

胡弨价妻陳氏
胡葆嶼妻唐氏
胡承勳妻陳氏夫殁自縊
胡桂堂妻龔氏拒賊以盈鋒自破腦死
吳占祥妻張氏一子同殉
吳國銓妻葉氏
吳域妻宋氏
吳同德妻潘氏
吳守德妻施氏遇賊投河死
盧奎耀妻張氏
倪天保妻任氏
增生陳枚妻宣氏一女一子同殉
陳紹雲妻宋氏
陳大江妻周氏
陳志大妻茅氏罵賊被焚死
陳英文妻余氏子蕃蕙同殉
陳世魁妻高氏
陳大提妻徐氏
陳錫如妻鄒氏
陳志盛妻張氏
陳啟孝妻周氏
陳鴻璋妻許氏

陳學聖妻羅氏
陳芷香妻顧氏
陳□崑妻孫蘇氏
陳福樹妻姚氏遇賊不屈被殺
陳天育妻戚氏
陳連茂妻胡氏
嫣趙死
監生孫十鑑妻孟氏好大大媳觀同二殉觀
孫金源妻張氏
孫光耀妻羅氏子阿生同殉
孫如鋭妻邵氏
孫忠基妻陸氏
孫春裕妻朱氏
孫維和妻樊氏
孫邦傑妻趙氏
孫景雲妻朱氏
袁齊艮妻胡氏
韓維榮妻周氏
干增妻黄氏
潘序華妻戚氏
潘福世春文妻羅魯氏
潘霖森盛妻馬魏氏

陳周元妻韓氏
陳一揆妻羅氏
陳阿五妻裘氏
陳玉成妻潘氏
陳源灃妻張氏
陳裕成聘妻徐氏拒賊赴水死賊刺其目真氏哭且
孫世陞妻徐氏
孫球妻毛氏女大姑二姑小姑同殉
孫承恩妻魏氏
孫光照妻羅氏
孫如舟妻陸氏闖賊殺夫哭罵賊火死
孫景輝妻陳氏
孫邦杰妻趙氏
孫書高妻王氏
袁希朝妻邵氏
韓慶元妻朱氏
韓維璋妻郭氏子寶林同殉
干欽仁妻張氏
潘文錦妻曹氏
潘寶賢妻胡氏
潘承基妻陸氏賊至投池死

潘樹桂妻韓氏
顏汝櫳妻宋氏
錢開泰妻潘氏
宣梅亭妻毛氏 拒賊赴河死
宣起溶妻朱氏
姚增耀妻任氏
姚瑞松妻張氏
姚紹塏妻任氏
茅愛棠妻謝氏
茅啟源弟婦陳氏
茅啟津妻陳氏 拒賊抱幼子赴水死
高金雲妻朱氏
高達妻岑氏
高□妻俞氏
毛寶賢妻洪氏 賊至自剄
毛□妻朱氏
毛含英妻陸氏
毛望達妻黃氏
監生毛大衢妻宋氏 賊至自經
勞履厚妻謝氏
議敘縣丞羅象賢妻朱氏 避賊縊死
羅祥義妻張氏 遇賊赴水死

潘蘭清妻施氏
田三妻周氏 遇賊赴井死
錢載德妻潘氏
宣起良妻馬氏
姚馬友妻戚氏
姚增然妻張氏
姚兆開妻馮氏
姚增杰妻戚氏
生員茅策吉妻謝氏 拒賊赴河死
監生茅綱孝繼妻嚴氏
高懷風妻鄒氏
高金廷媳華氏岑氏
高爾鑭妻張氏
陶麟元妻朱氏 朱一作諸
毛標妻唐氏 遇賊赴水死
毛周岐妻葉氏
毛友國妻邵氏 拒賊赴水死
毛文泮妻俞氏
勞南崧妻王氏
羅成學妻戚氏 一作學成
羅祥貴妻茹氏
羅采芹妻童氏 聞夫死賊赴水殉

羅維翰妻洪氏（遇賊投河死）
楊黼廷妻夏氏
楊九齡妻戚氏
楊有榮妻徐氏
楊聖祥妻盧氏
楊□妻茹氏
楊福泰妻華氏
章旭明妻杜氏
章春溝妻□氏（春溝別見義民表）
張元濟妻夏氏
張棣咥妻徐氏
張瑛明妻戚氏
張成達母□氏（女吉姑同殉）
張培基妻陳氏
張廷芳妻聞人氏
張金榮妻嚴氏
張成章妻陳氏（罵賊賊斷其首死）
張挺然妻黃氏（夫與子俱被賊賊罵賊赴谿死）
張云煒妻王氏
張沅妻嚴氏
張其昌妻黃氏
巡檢張榮妻余氏

何福基妻楊氏
楊旭初妻張氏
楊雲生妻宋氏
楊偉剛妻張氏
楊景方妻王氏
楊森妻孫氏
章鳳高妻謝氏（子瑞春同殉）
章景魁妻黃氏（景魁別見義民表）
張鰲妻夏氏
張禹順妻阮氏
張國均妻馬氏
張正倫妻馬氏
張阿道妻胡氏（妹應雲同殉）
張純良妻邵氏
張中和妻余氏
張美封妻褚氏（遇賊同女赴水死）
張慶仁妻胡氏
張邦寧妻胡氏
張祖瀠妻岑氏
張志緒妻謝氏
張嵩標妻周氏（賊自經）

張口妻口氏雲柯鄉人遇賊赴劍江死
張仁開妻潘氏
張玉文妻毛氏遇賊赴水死
張作和妻楊氏
張開忠妻徐氏拒賊被槍死
張德潛妻鄭氏遇賊赴河死
王圖慶妻阮氏
王錦輝妻沈氏
王增先妻黃氏
王照妻俞氏
王增邦妻陳氏遇賊赴水死
王佩華妻陳氏遇賊赴水死
處州府訓導方岳妻何氏
方春梅妻桑氏
布理問銜黃夢齡妻任氏僕婦咸氏同殉
黃登三妻魯氏
黃加木妻華氏
黃懷寶妻鄭氏
黃宇棟妻陸氏
黃惠林妻符氏
黃鳳盛妻徐氏
黃椿恆妻周氏

張杭口妻胡黃氏
張廣超妻嚴氏遇賊仰藥死
張桐叔妻符氏
張金環妻周氏拒賊赴水死
張成璇妻胡氏
張傳銘妻徐氏
王春妻沈氏
王炳炎妻戚氏子同殉
王如蘭妻符氏
王阿三妻戚氏
王錦妻馮氏女止姑同殉
王立銓妻謝氏
方維球妻王氏
方列新妻張氏
方
黃彩臣妻孫氏
黃錞妻魯氏
黃成淇妻鄒氏
黃開培妻陳氏
黃振緒妻房氏拒賊赴水死
諸生黃爾鎔妻孫氏
黃口妻王氏

黃吅妻孫張氏
黃如星妻張氏
從九品黃奎妻姜氏
黃繹勳妻謝氏
汪若治妻俞氏俞一作褚
汪口妻孫氏
丁聖謀妻孫氏
劉兆炳妻陳氏
劉文虎妻陳氏
劉文明妻謝氏
周大來妻干氏
周復熙妻史氏
周開章妻李氏遇賊赴水死
周開修妻張氏
周桂芬妻陳氏
周芾南妻熊氏
周文郁妻朱氏罵賊被剮
周文範妻聞人氏拒賊赴水死
樓有倫妻胡氏
婁聯勳母馮氏
鄒立邦妻鄭氏
林立朝妻任氏
黃夢駪妻任氏見夫被戕投池死
黃增榮妻胡氏
黃喬齡妻孫氏
姜口妻淩氏
汪恆道妻王氏
汪庭柏妻黃氏
應小寶妻陳氏
劉順和妻陳氏
劉孝德妻邵氏拒賊赴水死
周福熙妻史氏
周春鳳妻徐氏
周時雍妻王氏
周鎮華妻胡氏
周國楨妻陸氏
周維熊妻杜氏
周承清妻史氏賊至拖子投井死
周傳福妻任氏見賊殺夫拒賊被殺
耶方魁妻陳氏
婁曾有妻馮氏
鄒世昌妻馬氏
鄒金墉妻陸氏
金廷文妻孫氏

金以常妻謝氏
金明妻張氏
金鑑禮妻胡氏
岑長齡妻余氏
岑峻妻余氏
任金龍妻李氏
監生嚴蘭亭妻朱氏
嚴爲霖妻許氏
嚴阿八妻徐氏
迪功嚴維洲妻孫氏遇賊赴水死
嚴世忠妻黄氏
監生史履貞妻孫氏
史善能妻韓氏
史□妻俞氏
史彰善妻吳氏
李挺之妻葉氏
李炳芬妻葉氏
李芳燦妻潘氏
褚允璋妻徐氏
禹卓球妻范氏
魯振賜妻戴氏
魯文葆妻周氏遇賊赴水死

金國宰妻陳氏
金必榮妾錢氏
岑羅寶妻龔氏
監生岑孚昌妻趙氏
任如周妻張氏
甘文棟妻陶氏
監生嚴允陞妻黄氏
嚴春才妻阮氏
嚴樹勳妻趙氏
嚴長茂妻宋氏
孔增壽妻戚氏
史善英妻吕氏
史致文妻田氏
史正妻俞氏
李永泰妻方氏
李端盟妻黄氏
李福秀妻楊氏
吕清貴妻盧氏
褚至亨妻盧氏拒賊投水死
禹□妻范氏
魯以高妻陸氏罵賊被慘殺死
魯永禎妻聞人氏

魯口妻俞氏
魯森榮繼妻徐氏
阮景陽妻陳氏
趙義剛妻楊氏擊賊被殺
趙配炎妻毛氏
趙配陽妻毛夫被賊擄即自經死
馬鳴鶴妻褚氏
馬堪妻胡氏
馬口妻許氏
蔣鳴鳳妻郭氏
蔣聲高妻劉氏
沈履謙妻謝氏
沈運行妻張氏
沈錫齡妻袁氏
沈斐生妻鄭氏拒賊被殺死
沈璇妻胡氏赴水死
沈公壽妻袁氏娥姑同殉
宋鳳章妻翁氏
宋嗣洪妻黃氏
宋天球妻干氏

魯口妻朱氏
阮應辰妻金氏
趙道明妻劉氏罵賊自刎
趙義法妻毛氏
趙九夏妻周氏子大官同殉
馬玉田妻鄒氏
馬義協妻施氏
馬開華妻沈氏遇賊赴水死
馬開友妻李氏
蔣聲鏞妻郭氏
沈之泰妻吳氏
沈名妻邵氏
沈口妻胡氏
沈榮江妻顧氏
沈志成妻張氏賊至焚死
沈士鑑妻孟氏賊至抱幼子及女阿寶同
沈時泉妻任氏
候選司吏暎馬范恩澤嫂何氏從
宋以枝妻戚氏
宋錫周妻陸氏
宋鳳璋妻翁氏
宋正楷妻黃氏夫被賊殺投河死

魏友仁繼妻錢氏表載五鳳期今據采訪冊其一

職員魏鶴皋妻夏氏遇賊赴水死

魏若璠妻謝氏

魏芝齡妻錢氏

魏星坤妻吳氏

魏有富妻周氏

魏東妻周氏

魏耀祖妻吳氏

魏傳法妻陳氏

魏清標妻周氏

魏阿周妻熊氏

魏錦蘭妻符氏

魏茂慶妻段氏

魏其權妻干氏

魏家型妻陳氏

魏口妻謝氏

魏春來母謝氏

顧光裕妻施氏子金肆同殉

厲守爲妻岑氏罵賊赴水死

邵文鉉妻陳氏

臺灣嘉義縣知縣邵用之妻楊氏

職員魏若蘭妻楊氏臻楊氏即氏婦

魏奎英妻徐氏

魏正興妻張氏

魏煥文妻黃氏

監生魏大中妻徐氏

魏升三妻黃氏女增姑同殉

魏菊菴妻祝氏

魏芳榮妻周氏

魏寶生母胡氏

魏升祥妻劉氏

魏星兆妻葉氏

魏有桂妻熊氏

魏懷昇妻裘氏

魏嘉福妻葉氏

魏日耀妻胡氏

魏錫洲妻熊氏賊至赴江死

魏福德妻張氏

魏樹松妻謝氏

顧慶生妻符氏遇賊抱幼子赴水死

蔡丹鏞妻傅氏

邵正和妻符氏

邵夢琦妻田氏

江蘇常熟縣縣丞邵泮繼妻章氏
邵文鉦妻張氏
廩監生邵承恩妻諸氏拒賊被擄死
邵竹溪妻蔣氏
邵鑅繼妻唐氏
謝夢燕妻潘氏
謝明煌妻戚氏
謝椿庭妻戚氏
謝麟祥妻陳氏
謝肇佳妻陳氏
謝絅妻魯氏
謝應燧妻陳氏
監生謝湘筠妻周氏
監生謝煌妻戚氏持刃拒賊被戕
夏佩珍妻陳氏
夏開陽繼妻姜氏
華煥三妻岑氏
華肇金妻徐氏
鄭寶國妻張氏
鄭宏開妻蔣氏
孟長林妻蔡氏
谷奎正妻張氏

邵如奎妻夏氏
邵文忠妻沈氏
邵阿五妻余氏
邵□妻□氏
謝甲妻呂氏
謝樹堂妻陳氏
謝阿海妻茅氏
謝立瑩妻毛氏
謝麟書妻勞氏女五姑與殉
謝錫侯妻成氏
謝應炬妻周氏
謝熊祥妻王氏
監生謝永光繼妻田氏
夏學秀繼妻段氏
夏茂林妻陳氏
華肇境妻胡氏
華咸洪妻黃氏賊經
監生鄭九皋妻宋氏
鄭開成妻黃氏
孟阿三妻王氏
鄧玉瑞妻勵氏
谷之沅妻魯氏

谷銘妻魯氏
陸有法妻張氏
陸會一妻楊氏
陸正法母張氏
職員陸永春妻潘氏 罵賊赴水死
陸魯傳妻張氏
陸錫棠妻許氏
陸性汸妻馬氏
薛德興妻姚氏 一子一女同殉
霍尙鼎妻禹氏
戚鍾三妻林氏 挈子同殉
戚三呂母董氏
戚寶經妻何氏
一死
監生戚福堂繼妻王氏 遇賊投河死
戚聲洪妻周氏
葉開槐妻盧氏
葉新筠妻施氏
監生葉擎蒼妻潘氏 拒賊見殺
聶維剛妻戚氏

谷生茂妻吳氏
陸松福妻戚氏
陸蘭芳妻戚氏
陸玉堂妻魏氏 一子一女同殉
陸允初妻鄭氏
陸開球妻熊氏
陸迎之妻謝氏
陸崢妻張氏 同媳姚氏殉
霍炳揚妻邵氏
奕永仁妻戚氏 一女同殉
戚福慶妻王氏
戚承壽妻何氏
增生戚炳綬妻熊氏 侍姑拒賊被殺
戚思位妻黃氏
生員葉美初妻史氏
葉清輝妻孫氏 聞賊殺舅大罵赴水死
葉純鏡妻孫氏 罵賊被賊斷兩手死
葉柏慶妾周氏

烈女

洪瑤珠　禹功女
龔美姑　守慶女
施福姑　善華女
徐嬌姑　貢生兆楨女
徐寵姑　若元女遇賊投井死
朱和調　炳懷女
朱玉英　德和女
符八姑　永順女
胡二姑　懷珍女
胡儼姑　保奎女
胡玉美　浩祖女
胡耐姑　仁榮女
陳桂花　時成女拒賊投崖死
陳二貓三貓四貓　福女福見義民表
陳婧姑　源濤女
孫順姑　宏宰女
潘玉美　景春女賊至投溺死
茅二姑　啟源女賊至赴水死
高銀鳳　永山女韓開春聘妻賊至赴水死
楊鳳姑　正熙女
張玉姑　瑛女
訪據正采

龔雙鳳　鼎亨女
龔秀姑　學詩女
徐大姑　春林女
徐小貓　宏惠女
朱春蘭　明懷女
朱九姑　文懷女
朱大姑　觀聖孫女
符□姑　方來女賊至赴河死
胡香姑　奎業女
胡毛姑　渭虎女
胡銀鳳　桑林女拒賊赴水死
吳和姑　阿盛妹盛一作威
陳大姑　阿寶妹
陳桂姑　聖裕女拒賊遇害
孫珠姑　寄鴻女
韓英姑　天保女
錢亞琴　琳女
陶小姑　繼元妹
楊小六　福康女
張大姑　天信女
張英姑　炳達女原本英姑誤音姑炳達誤炳達
張愛玉　夢麟女罵賊被擒刺死

張秀姑　桂女遇賊自刎

王貞姑　承泰女

黃蘭姑　鈞女

黃大姑　阿七女

黃翠生　□□女

成大姑　寶仁女遇賊投河死

周五姑　藏懷女拒賊赴水死

鄒大姑　方海女

林五姑　耀女

金四姑　紹裴女

金小姑　善章女

史大姑　又廸女

魯夢蘭　聲多從妹

馬大姑　煩女

沈賢姑　處仁女

宋春姑　以樍女

邵三姑　文鄉女

邵龍珠　采南女

謝才姑　以全女

鄭□姑　監生塤女遇賊自經

陸桂娥　成女拒賊赴水死

陸秀姑　揚女賊至赴水死

張□姑　奕盤女

王毛姑　承高女拒賊被剌死

黃桂英　懷潛女遇賊赴河死

黃大姑　殿揚女

黃簫姑　炳垕女

劉小姑　滿姑國積女

周琴姑　正蒙女

鄒昭姑　崇孝女

金二姑　正揮炎女

金小姑　錫山妹

史福姑　善華女

李雙喜　卩□女

馬二姑　廷女

馬□姑　談然女沈二毛聘妻

宋小姑　以植女

蔡愛發　占可女拒賊墜樓死

邵秀娥　德庭女

邵毛姑　□□女

華四姑　□□女

陸愛鳳　名邦女避賊走求被擒死愛鳳一作寶鳳

陸大姑　在臣女

郭春梅　金象女遇賊投江死原本春梅誤作春來

鈫名録泉誤作金全名録采訂正

□□姑北鄉人罵賊被剖腹死

餘姚縣志卷二十一列女終　光緒重修